SPANISH

PRACTICE AND TESTING

Level 2

Speaking
Listening Comprehension
Reading Comprehension
Writing

GAIL STEIN

Martin Van Buren High School
New York City

Dedicated to serving

AMSCO

our nation's youth

AMSCO SCHOOL PUBLICATIONS, INC.
315 Hudson Street / New York, N.Y. 10013

CASSETTES

The Cassette program comprises 4 two-sided cassettes. The voices are those of native speakers of Spanish.

The following materials are included on the cassettes:

- The 8 sample sequences for the Oral Communication Tasks in the *Teacher's Manual*.

- The 80 listening-comprehension passages in the *Teacher's Manual*. Each passage is spoken twice and is followed by a pause for student response.

The Cassettes (Ordering Code N 572 C) are available separately from the publisher.

Please visit our Web site at:

www.amscopub.com

When ordering this book, please specify: either **R 572 P** or SPANISH PRACTICE AND TESTING, Level 2

ISBN 0-87720-132-3

PRINTED IN THE UNITED STATES OF AMERICA

6 7 8   04

PREFACE

SPANISH PRACTICE AND TESTING, LEVEL 2, is designed for students who are completing or have completed two years of high-school Spanish. The book aims to help students develop and demonstrate their knowledge and mastery of Spanish through a variety of speaking, listening, reading, and writing exercises.

For teachers, this book contains supplementary materials that can be used in the development and evaluation of the four skills. The variety of materials for each skill affords the teacher a wide selection for practice and testing. Passages may be individualized in keeping with the proficiency levels of the students and in developing each student's speaking, listening, reading, and writing skill by assigning different passages to different students.

The passages in this text are grouped by skill (speaking, listening, reading, writing). The scope of the vocabulary and structures is broad enough to help students increase their active and passive vocabularies in Spanish as well as improve their level of listening and reading comprehension and their ability to express their ideas in writing. The oral-communication tasks for speaking are eminently suitable for audiolingual practice and testing as well as cooperative learning activities. Throughout the book, the themes and vocabulary deal with contemporary life in Hispanic countries and with current issues.

Some practice materials may appear to be more difficult than those found in the course program or in formal tests. This somewhat higher gradation is designed to intensify the preparation by students and familiarize them with the variety of test items that are currently used. The basic purpose of this book is to challenge students in order to bring them to their highest level of excellence in preparation and performance.

A Teacher's Manual with Answers, available separately, includes the oral-communication tasks, listening-comprehension passages, sample responses, and a complete answer key.

G. S.

CONTENTS

CONTENTS

PART 1

Speaking: Oral Communication Tasks

Your teacher will administer a series of communication tasks. Each task prescribes a simulated conversation in which you play yourself and the teacher assumes the role indicated in the task.

Each task requires five utterances on your part. An utterance is any spoken statement that is comprehensible and appropriate and leads to accomplishing the stated task. Assume that in each situation you are speaking with a person who speaks Spanish.

PART 2

Listening Comprehension

2a MULTIPLE CHOICE (ENGLISH)

Part 2a consists of a series of questions. For each question, you will hear some background information in English. Then you will hear a passage in Spanish *twice*, followed by a question in English. Listen carefully. After you have heard the question, read the question and the four suggested answers in your book. Choose the best suggested answer and write its number in the space provided.

1 What is your host describing?

1. A drink.
2. A dessert.
3. An appetizer.
4. An ice cream.

2 What should you do next?

1. Leave the school building.
2. Give your teacher your phone number.
3. Encourage your parents to come to school.
4. Go study in the library.

3 How did Elena Chávez pick the winning numbers?

1. She used the ages of her coworkers.
2. She used the birthdays of her grandchildren.
3. She picked them at random.
4. She used the dates of certain holidays.

4 What will you do next?

1. Clean the room.
2. Take a test.
3. Leave for the day.
4. Write a composition.

5   What is your aunt explaining to you?

   1. How to burp the baby.
   2. How to feed the baby.
   3. What foods the baby may and may not eat.
   4. What to do if the baby won't eat.

6   What does your friend want to do now?

   1. Go home immediately.
   2. Sneak into the theater.
   3. Buy the artists' records and cassettes.
   4. Speak to the performers.

7   What would you ask the salesperson?

   1. Why is the car so cheap?
   2. Can it really reach such high speeds?
   3. Which free gift will I get if I buy it today?
   4. How many people do you think can afford it?

8   What is the counselor talking about?

   1. How to improve your grades.
   2. The results of your reading test.
   3. Where to get tutoring.
   4. College requirements.

9   What would you expect to do next?

   1. Stop to eat something.
   2. Return to your hotel.
   3. Go shopping.
   4. Visit a museum.

10   What would you do with this product?

   1. Wash the dishes.
   2. Prepare food.
   3. Do the laundry.
   4. Play a game.

11   Why should you buy this car?

   1. It's inexpensive.
   2. It can speak to you.
   3. It is an antique.
   4. It's safe.

12   What will the airline allow you to do?

   1. Place a call from the plane.
   2. Call the airline in advance to reserve your seat.
   3. Receive special prices on tickets.
   4. Exchange your airline ticket for a train ticket.

13 What did the grandmother do?

1. She bothered the salespeople in a store.
2. She robbed a bank.
3. She shoplifted a bottle of perfume.
4. She found a large sum of money and returned it.

14 What is this show about?

1. How to repair your car.
2. Cooking.
3. Gardening.
4. Redecorating your home.

15 What news is the principal giving you?

1. There was an accident in front of the school.
2. A storm damaged the school building.
3. A special holiday was declared.
4. School is closing early.

16 What is the purpose of the sign?

1. To force automobile drivers to stop.
2. To tell younger people to help those who are older.
3. To protect the older pedestrians in the village.
4. To prevent older people from driving too slowly.

17 What is this announcement about?

1. The winner of an award.
2. The Special Olympics.
3. The death of a famous runner.
4. An athlete's retirement.

18 Why did Roberto call?

1. To confirm what he will be doing during your absence.
2. To say he had to leave the country unexpectedly.
3. To complain about all the work he has to do.
4. To say that he was going on vacation.

19 How should you respond?

1. Say that you're sorry.
2. Buy some cards.
3. Volunteer to work in a hospital.
4. Say you've already bought enough presents.

20 What is your teacher discussing?

1. An agreement on toxic waste disposal.
2. A nuclear disarmament treaty.
3. A conference on chemical warfare.
4. A trade pact.

21 What should you expect?

1. Your boss will give you a raise.
2. You will meet an important diplomat.
3. You will lose your job but quickly find another one.
4. Your job will be demanding, but you will probably make money.

22 What happened to Marisela in the episode?

1. She had a car accident.
2. She fell in love with her doctor.
3. She fell down the stairs.
4. She got a job in a hospital.

23 What is your friend describing?

1. The layout of a Spanish house.
2. Why Spanish homes have iron grillwork.
3. How guests are welcomed into a Spanish home.
4. Spanish holiday traditions.

24 What should you do next?

1. Visit Jaime in the hospital.
2. Start dinner.
3. Pick up Ana at work.
4. Go shopping.

25 Why are they saying that Cecilia is unhappy?

1. She had a fight with her best friend.
2. Her phone is broken and she can't call her friend.
3. She wasn't accepted by the college of her choice.
4. She hasn't heard from her boyfriend.

26 What happened to your friend?

1. She missed her train.
2. Her train was canceled.
3. She got lost in the station.
4. She had to wait for her father until five o'clock.

27 Where is Geraldo?

1. Delivering newspapers to his neighbors.
2. Helping his grandmother do her shopping.
3. Doing volunteer work at a home for senior citizens.
4. Working in the library.

28 What is your friend describing to you?

1. An unusual creature.
2. A new pet.
3. A criminal.
4. A horror movie.

29 What is your host mother explaining to you?

1. How to prepare her favorite recipe.
2. How to buy and prepare fresh vegetables.
3. How to clean the kitchen properly.
4. How to set the table.

30 Who will benefit from this program?

1. All youths who are still in school.
2. Youths interested in sports and cultural activities.
3. Disadvantaged youths.
4. The children of contributors to the program.

31 What is your friend explaining to you?

1. How to avoid an argument.
2. How to make up with a friend.
3. How to make new friends.
4. How to convince a friend to do what you want.

32 What happened to your brother?

1. He was involved in an accident.
2. He found someone's wallet.
3. He was blamed for something he didn't do.
4. He lost his wallet.

33 What did the critic say about the play?

1. The ending was easy to understand.
2. There was thunderous applause at the end.
3. The characters were real and the plot true to life.
4. The actors and the director got along well.

34 What did this bulletin report?

1. Bad weather conditions.
2. A car accident.
3. An unidentified flying object.
4. An earthquake.

35 What advice would you give to your friend?

1. Ask for a less expensive pair.
2. Don't buy them if they don't fit.
3. Try a smaller size.
4. Buy them. They are perfect.

36 What are you being asked to do?

1. Send money to a charity.
2. Adopt a homeless dog.
3. Do volunteer work in a hospital.
4. Work for a good cause.

37 What should you do next?

1. Buy new tires.
2. Rent a car for two days.
3. Wait while they fix your car.
4. Borrow one of their cars.

38 What should you tell your mother about your friend's family?

1. They have a yarn store.
2. They need someone to work in their store.
3. They sell the latest clothing.
4. They want you to be a model for their magazine.

39 What is this person looking for?

1. An American family that wants to take courses on South American culture.
2. An American family that wants to teach in South America.
3. An American family that wants to host a South American student.
4. An American family that wants to sell its house to a South American family.

40 Why should you listen to this radio show?

1. It plays the best music.
2. It is the most popular morning show.
3. It enables you to meet new and interesting people.
4. It gives up-to-the-minute news.

41 What would this student like to do if elected?

1. Have the students decide the cafeteria menu.
2. Form more clubs.
3. Eliminate homework.
4. Shorten the school day.

42 According to the ad, why should you buy this soup?

1. It can be added to other dishes to enhance the flavor.
2. It's very healthy.
3. Its price is very reasonable.
4. It comes in many different flavors.

43 How might you react?

1. You'd love to see craftsmen at work.
2. You're interested in visiting old castles.
3. Furniture doesn't interest you.
4. You don't feel like going shopping.

44 What should your friend do next?

1. Send the lamp back for repairs.   3. Return the lamp to the company.
2. Wait for a refund.   4. Pay $10 more.

45 What promise does the clerk make you?

1. You can buy anything in the store for $500 or less.
2. You can buy a perfect diamond for $500.
3. The ring will fit anyone.
4. The ring has an indefinite money-back guaranty.

46 What do you know about this restaurant?

1. It serves only seafood.
2. There is a piano player on weekends.
3. Two comedians will entertain you nightly.
4. It specializes in international cuisine.

47 What is this person explaining to you?

1. What to see in the park.
2. What you may not do in the park.
3. Where information booths are located.
4. What to do if you want to participate in certain activities.

48 What are the instructions explaining?

1. How to install the television.   3. What precautions to take.
2. How to clean the television.   4. What to do if the television doesn't work.

49 What did the painter do with his painting "Lima Colonial"?

1. He used X rays to change it.
2. He painted another painting over it.
3. He destroyed it because the critics didn't like it.
4. He changed the title.

50 Which is not a job requirement?

1. You must be willing to travel.
2. You must know English and Spanish.
3. You must have at least five years of experience.
4. You must work in a foreign country.

2b MULTIPLE CHOICE (SPANISH)

Part 2b also consists of a series of questions. For each question, you will hear some background information in English. Then you will hear a passage in Spanish *twice*, followed by a question in Spanish. Listen carefully. After you have heard the question, read the question and the four suggested answers in your book. Choose the best suggested answer and write its number in the space provided.

1 ¿Qué le gusta comer a tu amigo?

1. Carne.
2. Dulces.
3. Legumbres.
4. Frutas.

2 ¿Por qué son mejores los relojes digitales?

1. Son baratos.
2. No tienen agujas.
3. Son precisos.
4. Nunca tienen problemas.

3 ¿Qué necesita tu amiga?

1. Felicidad.
2. Seguridad.
3. Confianza.
4. Soledad.

4 ¿Qué va a hacer esta familia?

1. Reparar su auto.
2. Comprar un auto usado.
3. Vender su auto.
4. Comprar un auto caro.

5 ¿Qué le respondes a tu amigo?

1. —La próxima vez estudiarás más.
2. —¡Cómo no!
3. —¡Por supuesto!
4. —¡Qué bueno!

6 ¿Qué dice tu amigo sobre Juan?

1. Siempre llega a tiempo.
2. No puede depender de él.
3. No sabe decir la hora.
4. Llega temprano a muchas citas.

7 ¿Qué va a hacer tu amigo?

1. Ser chófer.
2. Construir edificios.
3. Vender casas.
4. Ser secretario.

8 ¿Qué tienes que hacer?

1. Manejar muy despacio.
2. Cruzar la calle con cuidado.
3. Prestar atención a los peatones.
4. Caminar rápidamente.

9 ¿Por qué es especial este restaurante?

1. Sirve a los animales.
2. Se especializa en platos latinoamericanos.
3. Es exclusivamente para vegetarianos.
4. Se celebran aquí solamente ocasiones especiales.

10 ¿Qué va a darte esta compañía?

1. Un lavaplatos.
2. Un precio más bajo.
3. Un premio de veinte y cinco dólares.
4. Una cocina nueva si no estás satisfecho.

11 ¿Por qué ocurrió este accidente?

1. El automovilista manejó mal.
2. La calle no estaba en muy buen estado.
3. Era difícil ver bien.
4. Llovía mucho.

12 ¿Qué le dices a tu amigo?

1. «¿Puedo prestarte dinero?»
2. «¿Quieres un helado?»
3. «La cafetería está abierta».
4. «Tienes mucha fuerza de voluntad».

13 ¿Qué te sugiere el doctor si tienes un ataque de asma?

    1. Buscar un abogado.
    2. No comer nada.
    3. Beber café.
    4. Tomar medicinas solamente.

14 ¿Qué sabes de Raúl Cruz?

    1. Pasó su juventud en México.
    2. Es el director de la película.
    3. Es la primera vez que hace une película.
    4. La historia de su vida es muy triste.

15 ¿Por qué te sugiere Doña Sofía esta tienda?

    1. Luz Maldonado es una diseñadora famosa.
    2. Los clientes siempre compran algo.
    3. La tienda está abierta todos los días.
    4. Los clientes no tienen que pagar mucho.

16 ¿Por qué te da el doctor estas sugerencias?

    1. Tienes que ponerte delgado.
    2. Tu corazón no funciona bien.
    3. Tienes una quemadura grave.
    4. Eres demasiado flaco.

17 ¿Qué estás escuchando?

    1. Un programa médico.
    2. Una discusión sobre la falta de alimentos.
    3. Un anuncio publicitario.
    4. Un discurso político.

18 ¿Qué puedes ver en el museo de cera?

    1. Películas famosas.
    2. Fotografías de personas importantes.
    3. Pinturas hechas por personas célebres.
    4. Estatuas de personas ilustres.

19 ¿Qué sucedió?

    1. Hubo un robo.
    2. Hubo un homicidio.
    3. Hubo un fuego.
    4. Hubo un acto de espionaje.

20 ¿Qué no debes hacer?

    1. Ir a la ciudad.
    2. Beber agua.
    3. Salir de su casa.
    4. Comer ningún alimentos.

21 ¿Qué se puede hacer con el regalo?

    1. Beber algo.
    2. Preparar comidas.
    3. Llevarlo en el cuerpo.
    4. Ponerlo en la pared.

22 ¿Qué te dice tu amigo sobre el restaurante?

    1. No debe comer allá porque la comida es mala.
    2. Todos los platos son demasiado caros.
    3. Muchas personas distinguidas comen en este restaurante.
    4. El cocinero del restaurante ha demostrado la calidad de su comida.

23 ¿Qué tipo de programa quiere mirar tu amiga?

    1. Dibujos animados.
    2. Una película policíaca.
    3. Un documental.
    4. Las noticias.

24 ¿Qué van a hacer los directores de la subasta?

    1. Contribuir a una obra de caridad.
    2. Visitar a un amigo en el hospital.
    3. Ir al museo.
    4. Comprar un regalo para un amigo enfermo.

25 ¿Qué tiempo va a hacer por la tarde?

    1. Va a nevar.
    2. Va a llover.
    3. Va a hacer frío.
    4. Va a hacer mucho sol.

26 ¿De qué habla la profesora?

    1. De la tarea para mañana.
    2. De un premio literario.
    3. De una obra dramática que tienes que mirar.
    4. De una obra de teatro que se da en la escuela.

27 ¿Dónde puedes trabajar si obtienes tu licencia?

    1. En la playa.
    2. En una tienda.
    3. En un hospital.
    4. En una compañía de taxis.

28 ¿Qué no sabes de Carmen?

    1. La capital de su país.
    2. Cuántos hermanos tiene.
    3. Lo que le gusta hacer.
    4. Su edad.

29 ¿En qué se diferencia esta casa de otras?

  1. Está hecha de un metal superior.
  2. Puede dirigirla hacia el sol.
  3. Fue transportada de un lugar a otro.
  4. Está regulada por botones multicolores.

30 ¿Qué te enseña tu amiga?

  1. A practicar un deporte acuático.
  2. A montar una bicicleta.
  3. A hacer ejercicios físicos.
  4. A usar una computadora.

PART 3

Reading Comprehension

3a LONG CONNECTED PASSAGES (MULTIPLE CHOICE, SPANISH)

Part 3a consists of a series of passages. After each passage, there are five questions or incomplete statements in Spanish. For each, choose the expression that best answers the question or best completes the statement *according to the meaning of the passage* and write its *number* in the space provided.

1 ¡Qué honra era participar en los juegos que tenían lugar cada cuatro años! Solamente los hombres podían competir. Y el ganador recibía con orgullo una corona de laurel.

Los deportes olímpicos originales que se practicaban en la antigua Grecia dieron lugar a los casi treinta deportes de los Juegos Olímpicos modernos. Gracias a los esfuerzos de Pierre de Coubertin, un francés muy aficionado a los deportes, en 1896 se celebraron los primeros Juegos Olímpicos modernos en Atenas.

En 1924 se crearon los Juegos Olímpicos de Invierno. En el siglo veinte se vió, por primera vez, la bandera olímpica con sus cinco anillos de diferentes colores: azul, amarillo, negro, verde y rojo. Los anillos representan a Europa, Asia, Africa, Australia y América.

Hoy se puede mirar estos juegos estupendos en la televisión cada cuatro años en invierno y en verano.

1 ¿Cuándo tenían lugar los Juegos Olímpicos de la antigua Grecia?

    1. Cuatro veces al año.
    2. Hace cuatro años.
    3. Dentro de cuatro años.
    4. Cada cuatro años.

2 El vencedor de los Juegos Olímpicos de la antigua Grecia recibía. . .

    1. mucho dinero.
    2. piedras preciosas.
    3. una guirnalda de hojas.
    4. una bandera.

3 ¿Quién fue Pierre de Coubertin?

1. El inventor de los Juegos Olímpicos de la antigua Grecia.
2. El primer hombre en ganar los Juegos Olímpicos.
3. El restaurador de los Juegos Olímpicos en el siglo diez y nueve.
4. El primer francés en ganar la corona olímpica.

4 ¿Qué pasó en el año 1924?

1. Las mujeres participaron en los Juegos Olímpicos por primera vez.
2. Comenzaron los Juegos Olímpicos de Invierno.
3. Se crearon los Juegos Olímpicos modernos.
4. Pierre de Coubertin ganó la corona de laurel.

5 Los anillos de la bandera olímpica representan. . .

1. los distintos deportes.
2. las distintas razas.
3. los distintos idiomas.
4. los distintos continentes.

2 Sobre mi mesa tengo un bello regalo que mi mejor amiga acaba de darme. Es una caja de madera en forma de caballo. Yo pongo todos mis lápices y mis plumas en esa caja. Contiene ahora diez de ellos.

Cada vez que hago mi tarea, miro a mi caballo y pienso en Carlota. Es una muchacha de mucho talento en trabajos manuales. Puede fabricar juguetes de madera, sabe reparar autos y sabe preparar pasteles deliciosos. Como Carlota es muy bondadosa, ella ayuda a todos sus amigos cuando tienen problemas.

Carlota gana mucho dinero a pesar de ser sólo una muchacha de diez y seis años. Ella es muy diligente y acepta todo el trabajo que le ofrecen. Con su propio dinero me compra pequeños regalos bonitos. De vez en cuando me lleva al cine los sábados por la noche. Carlota es magnífica. Un día, espero ser su esposo.

1 ¿Quién habla en este párrafo?

1. El padre de Carlota.
2. El esposo de Carlota.
3. El amigo de Carlota.
4. El tío de Carlota.

2 El regalo es. . .

1. un caballo que sabe escribir.
2. un animal que come los lápices y las plumas.
3. una bolsa en forma de caballo.
4. un caballo de madera que contiene instrumentos para escribir.

3 ¿Cuál es el talento de Carlota?

1. Puede hacer de todo con las manos.
2. Sabe fabricar autos.
3. Puede hablar con caballos.
4. Sabe domesticar a los animales salvajes.

4 ¿Cómo es Carlota?

1. Es perezosa.
2. Le gusta trabajar.
3. Es aburrida.
4. Siempre quiere divertirse.

5 Con su propio dinero, Carlota. . .

1. ayuda a sus compañeros de clase.
2. compra cosas deliciosas de comer.
3. va a una escuela especializada.
4. invita a su amigo a ver películas.

3 Pablo: Permítame presentarme. Me llamo Pablo.
Linda: Encantada. Me llamo Linda.
Pablo: ¿Quiere bailar conmigo?
Linda: Por supuesto. Con mucho gusto. ¡Qué bien baila! ¿Dónde ha aprendido a bailar tan bien?
Pablo: En una escuela de baile. Tomo lecciones porque quiero ser actor.
Linda: ¡Qué interesante!

Diez minutos más tarde los dos jóvenes se sientan a una mesa.

Pablo: ¿Le molesta si fumo un cigarrillo?
Linda: Sí, no puedo tolerar el humo.
Pablo: ¿Quiere tomar algo?
Linda: Sí, una limonada, por favor.

Pablo: ¿Dónde trabaja?

Linda: En la pastelería Ruiz. Preparo todas clases de pasteles especiales. Me gusta mucho decorarlos. ¿Y Ud.? ¿En qué trabaja?

Pablo: Soy mecánico de autos en una estación de servicio que está cerca de aquí. Ya es medianoche. ¿Puedo acompañarla a su casa?

Linda: Sí, gracias.

Pablo: ¿Tiene algo que hacer mañana?

Linda: No.

Pablo: Si quiere, podemos ir al museo a ver una exposición nueva de Miró.

Linda: ¡Magnífico! Me encantará ir al museo con Ud.

Pablo: Entonces vendré a buscarla a su casa a las once de la mañana.

1 Pablo encuentra a Linda. . .

    1. en una discoteca.
    2. en la escuela.
    3. en un desfile.
    4. en el supermercado.

2 ¿Por qué baila Pablo bastante bien?

    1. Practica con su madre.
    2. Asiste a clases de baile.
    3. Imita a los actores.
    4. Baila todos los días.

3 ¿Dónde trabaja Linda?

    1. En una carnicería.
    2. En un mercado.
    3. En una tienda donde se hacen pasteles.
    4. En una tienda de ropa.

4 Para ganarse la vida, Pablo. . .

    1. repara automóviles.
    2. trabaja en una farmacia.
    3. es chófer de taxi.
    4. es policía.

5 ¿Qué van a hacer Pablo y Linda mañana?

    1. Van a ver una película.   3. Van a la biblioteca.
    2. Van a mirar pinturas.   4. Van a jugar al tenis.

4 Enrique está muy contento porque durante el verano va a pasar ocho semanas en un campamento de vacaciones en las montañas. Va a vivir en una cabaña con nueve compañeros de su edad y un adolescente que será guía del grupo. La vida no será muy dura y tendrá todas las comodidades de su casa excepto la televisión.

Enrique cuenta con pasar sus días practicando todos los deportes — el béisbol, el volibol y el tenis entre otros. Desgraciadamente, no hay piscina y tiene que contentarse con un lago grande al borde del campamento. Espera también aprender a navegar barcos de vela y a practicar el esquí acuático. Al fin del verano hay una gran competencia deportiva entre los dos equipos juveniles — los rojos y los azules. El equipo victorioso recibe una copa enorme.

Es la primera vez que Enrique deja a su familia durante tan largo tiempo. Dice que a la edad de diez años, necesita ser libre. La única cosa que le preocupa es la leyenda de Macondo, el fantasma de un loco que mata a los inocentes que viven cerca del campamento. De todos modos, Enrique va a divertirse mucho este verano porque piensa que la leyenda es falsa.

1 ¿Quién es Enrique?

1. Un guía de un campamento de vacaciones.
2. Un muchacho que vive lejos de su familia durante el verano.
3. Un adolescente que tiene una vida muy difícil.
4. Un profesor que busca un empleo de verano.

2 ¿Qué cosa no puede hacer Enrique en el campamento?

1. Jugar a los deportes con sus amigos.
2. Dormir en una cama cómoda.
3. Mirar sus programas de televisión favoritos.
4. Comer buenas comidas.

3 Enrique quiere . . .

1. nadar en la piscina.
2. jugar al béisbol.
3. hacer la cama.
4. hacer esquí acuático.

4 ¿Qué pasa al fin del verano?

1. Hay una competición deportiva para jóvenes.
2. Hay un gran baile en el campamento vecino.
3. Hay una gran comida al aire libre.
4. Hay un gran desfile con una bandera amarilla.

5 Enrique tiene miedo de. . .

    1. dejar a su familia.
    2. tener un poco de libertad.
    3. no divertirse mucho en el campamento.
    4. un cuento imaginario.

5

11 de julio

Querido señor Rueda:

    Después de analizar el historial profesional de cada candidato, nos complace anunciarle que la administración de la Universidad de México ha decidido darle a Ud. una beca de verano en nuestra universidad. Ud. la merece a causa de su dedicación a sus alumnos y a la enseñanza de la lengua española. Ud. recibirá pronto un cheque de diez mil dólares para pagar su viaje, sus gastos de inscripción en los cursos, su alojamiento en los dormitorios de la universidad y sus comidas. Con el dinero que le queda, podría comprar libros, carteles y discos para extender el conocimiento de nuestra cultura en su país. Podría también visitar a algunos países de la América Central y así estudiar las costumbres de sus pueblos.

    Los cursos empezarán el lunes 10 de agosto y terminarán el 21 de septiembre. Habrá un día feriado, el 16 de septiembre, en que celebramos nuestra fiesta nacional. Después del último día de clases, Ud. estará libre para hacer lo que quiera.

    Hemos reservado un asiento para Ud. en el vuelo 921 de Aeronaves de México que saldrá de Nueva York el 6 de agosto a las siete de la mañana. Ud. tendrá que ocuparse de reservar pasaje en el vuelo de regreso a Nueva York.

    Si Ud. necesita más información, favor de escribirnos lo más pronto posible.

Muy atentamente,

Claudio Fernández
Departamento de Becas

1 La buena noticia que recibe el señor Rueda es que. . .

    1. ha ganado la lotería.
    2. va a tener la oportunidad de estudiar en México sin pagar nada.
    3. va a pasar el verano descansando.
    4. fue elegido el mejor profesor de español en el Estado de Nueva York.

2 La universidad va a enviarle al señor Rueda. . .

    1. billetes de avión.
    2. un itinerario de su viaje.
    3. algunos libros y cuadros españoles.
    4. una suma grande de dinero.

3 El señor Rueda es. . .

    1. profesor.
    2. director de un colegio.
    3. propietario de un almacén.
    4. abogado.

4 El 16 de septiembre es un día especial porque. . .

    1. no hay clases.
    2. es el último día de clases.
    3. marca el comienzo de clases.
    4. es el cumpleaños del señor Rueda.

5 Después del último día de clases, el señor Rueda. . .

    1. tiene que salir de México inmediatamente.
    2. va a descansar por un mes.
    3. puede viajar por la América Central.
    4. tiene que volver a los Estados Unidos.

6 Cuando iba a la universidad, trabajaba para ayudar a mis padres a pagar los gastos de mi educación. Mi padre me ha encontrado un puesto formidable con uno de sus clientes que era el propietario de una librería hispánica. Me gustaba mucho ese trabajo porque la lengua española era mi especialidad y un día contaba con ser profesora en una escuela secundaria.

Trabajaba mucho por muy poco dinero y regresaba cada noche muy cansada pero contenta. Llegué a conocer a muchos jóvenes de habla española que trabajaban o estudiaban en Nueva York. Había un muchacho en particular que siempre me será muy querido. Se llamaba Rogelio. Vendía joyas en una compañía muy grande y famosa. Venía todos los días a la librería para comprar su periódico favorito. Le gustaba hablarme de su ciudad natal, Barcelona, de su familia y de su vida en Nueva York. De vez en cuando, me invitaba a conciertos, a restaurantes hispanoamericanos o al cine. Era un muchaho que se interesaba mucho en la cultura y me ha enseñado mucho. Me ayudaba también en mi trabajo escolar, que corregía.

Veinte años más tarde aún soy amiga de Rogelio. Trabaja en la misma compañía. Siempre voy a su oficina cuando tengo ganas de comprar anillos y collares. Él siempre será mi amigo.

1 ¿Dónde trabaja esta muchacha?

   1. En una universidad.
   2. En una tienda donde se venden libros.
   3. En un lugar donde se prestan libros.
   4. En la oficina de su padre.

2 ¿Por qué le gustaba a ella ese trabajo?

   1. Ganaba mucho dinero.
   2. El trabajo era fácil.
   3. Ella nunca estaba cansada.
   4. Quería practicar español.

3 ¿Por qué quería la muchacha a Rogelio?

   1. Era rico.
   2. Se interesaba en muchas cosas.
   3. Leía mucho.
   4. Le traía a ella muchos regalos.

4 ¿Cómo ayudaba Rogelio a la muchacha?

   1. Revisaba sus tareas.
   2. La invitaba a su casa.
   3. Se interesaba en su pronunciación.
   4. Compraba periódicos para ella.

5 Hoy día Rogelio. . .

   1. es profesor de una universidad.
   2. trabaja en una librería.
   3. vende muebles.
   4. vende joyas.

7 La familia Mendoza visitaba España por primera vez. El señor Mendoza había decidido alquilar un coche porque quería hacer una gira por el campo. Escogió un lindísimo coche deportivo rojo.

En el camino, un policía detuvo el coche porque el señor Mendoza iba a exceso de velocidad. El agente le puso una multa de 1.000 pesetas. Después de ese incidente, el señor Mendoza viró a la izquierda en vez de virar a la derecha. Paró y preguntó cuál era la carretera correcta. Después de perder dos horas en la carretera, el señor Mendoza compró un plano de la ciudad.

¿Se terminaron sus problemas? De ningún modo. La carretera no estaba en buenas condiciones y había muchos desvíos. De repente, el señor Mendoza escuchó un ruido extraño. El coche se había dañado. Además, tenía un neumático desinflado. Solicitó ayuda en una estación de servicio. Al salir del coche, el señor Mendoza lo cerró y dejó sus llaves adentro. Finalmente, lleno de cólera, el señor Mendoza gritó: «¡Basta ya de visitar España en coche. De hoy en adelante, vamos a hacer la gira en autobús!»

1 ¿Qué hacía la familia Mendoza?

1. Regresaba de España.
2. Viajaba por España en coche.
3. Visitaba los monumentos importantes.
4. Trabajaba en una estación de servicio.

2 ¿Por qué detuvo el agente el coche del señor Mendoza?

1. El señor Mendoza manejaba demasiado rápido.
2. El coche iba demasiado despacio.
3. Había un accidente.
4. Quería ver su permiso de conducir.

3 ¿Qué hizo el señor Mendoza?

1. Compró el mapa que no era.
2. No pagó la multa.
3. Se equivocó de dirección.
4. Perdió las llaves del coche.

4 ¿Por qué fue el señor Mendoza a la estación de servicio?

1. No le gustaba el color de su coche.
2. Buscaba un paradero de autobús.
3. Necesitaba gasolina.
4. El coche no funcionaba.

5 Al fin, el señor Mendoza decidió. . .

1. usar otro medio de transporte.
2. escoger otro coche.
3. regresar al hotel.
4. nunca más viajar.

8 Este verano, mi esposo y yo pasamos una semana de vacaciones en Puerto Rico, una isla tropical del Mar Caribe. De camino a nuestro hotel, conocimos a otra pareja de jóvenes norteamericanos. ¡Qué buena suerte! La señora, Laura, conocía muy bien la isla porque la había visitado antes dos veces, y yo, como profesora de español, hablaba muy bien ese idioma. Hicimos planes en seguida para visitar todos los lugares de interés turísticos.

Al día siguiente, decidimos alquilar un auto para ir a visitar el bosque tropical de las montañas. Desgraciadamente, nos perdimos en la ruta cuando salimos de la ciudad de San Juan, la capital. Después de media hora de confusión, llegamos finalmente al lugar. La ruta era muy estrecha y nos adentramos en el bosque con precaución. De repente, comenzó a llover mucho y apenas podíamos ver donde íbamos. En ese momento, escuchamos la bocina de un camión que quería pasarnos. Avanzamos despacio puesto que todo el mundo tenía mucho miedo de caer en el precipicio. Nuestra amiga condujo bien y la lluvia cesó. Salimos del bosque y regresamos al hotel donde todos nos reímos de nuestra espantosa experiencia.

1 Las dos parejas hicieron planes juntos porque. . .

1. nunca han visitado esa isla.
2. se interesaban en la lengua española.
3. podían ayudarse mutuamente.
4. eran de la misma ciudad.

2 Ellos decidieron ir a ver. . .

1. el paisaje, las flores y la vegetación del país.
2. los edificios modernos.
3. una aldea típica.
4. un volcán famoso.

3 Un problema fue que. . .

1. el auto no funcionaba bien.
2. se perdieron.
3. Doña Laura perdió las llaves del coche.
4. Doña Laura comenzó a llorar.

4 Todo el mundo tenía miedo porque. . .

1. el camión iba a tener un accidente.
2. la lluvia no paraba.
3. el valle estaba lleno de agua.
4. la ruta no era tan ancha para dos vehículos.

5 Al llegar al hotel, todo el mundo se puso. . .

1. alegre.   3. furioso.
2. triste.   4. melancólico.

9 Manolo, un muchacho de siete años, se despertó el viernes a las tres de la mañana porque le faltaba el aire. Su mamá, que se dio cuenta de que Manolo no podía respirar bien, lo llevó al hospital. En la sala de emergencias le pusieron inmediatamente a Manolo una máscara de oxígeno, le sacaron radiografías de los pulmones y le pusieron una inyección. El médico lo vio y notó que la inyección le hizo efecto a Manolo. El muchacho se sintió mejor. Sin embargo, el médico le ordenó quedarse dos días en el hospital.

Manolo compartió su habitación con otro muchacho que tenía tonsilitis. Durante esos dos días que estuvo en el hospital, Manolo miró la televisión y conversó con su nuevo amigo.

El domingo por la mañana Manolo pudo regresar a su casa, y el lunes, de vuelta en la escuela, contó a sus compañeros de clase todo lo que le había pasado el fin de semana.

1 ¿Por qué se despertó Manolo?

1. Tuvo un sueño horroroso.
2. Quería beber algo.
3. Se sintió enfermo.
4. Quería hablar con sus padres.

2 ¿Qué hizo su madre para ayudar a Manolo?

1. Le dió algo de comer.
2. Lo llevó al hospital.
3. Lo acostó.
4. Le habló en voz baja.

3 Manolo se sintió mejor cuando. . .

1. recibió tratamientos médicos.
2. el médico se fue.
3. la enfermera le dió dulces.
4. su madre llegó.

4 ¿Por qué le gustaba a Manolo quedarse en el hospital?

1. Se divertía mucho con un amigo de su edad.
2. Recibió muchos regalos.
3. La comida era deliciosa.
4. Su sala era muy linda.

5 ¿Qué se puede decir de la enfermedad de Manolo?

1. Era grave.
2. Era contagiosa.
3. Era rara.
4. Era de duración corta.

10 Cuando Julia era pequeña, sus padres le exigían que fuera perfecta. No le permitían portarse mal. Julia siempre estaba muy limpia, muy cuidada, pero también muy nerviosa. Por eso, tenía una costumbre detestable: comerse las uñas. No quería hacerlo, pero no podía dominarse.

Un día, a la edad de diez y seis años, Julia se miró las manos y se puso a llorar. Quería tener uñas bonitas y llevar esmalte para las uñas de todos los colores. Quería estar de moda y la última moda entre los adolescentes era ponerse diseños en las uñas. Julia decidió desembarazarse de esta costumbre detestable de comerse las uñas. Fue a un salón de belleza y pidió que le pusieran uñas artificiales. Julia se miró las manos y se dijo a sí misma: «¡Qué uñas más lindas! Nunca más me comeré las uñas. Si estoy nerviosa, voy a comer rosetas de maíz». Durante dos meses, usó las uñas postizas y nunca más metió los dedos en la boca. Por fin, cuando se quitó las uñas de material acrílico, Julia tenía las uñas bellas y largas como ella quería.

Ahora las manos de Julia son tan lindas que aparecen en todas las revistas de moda, porque Julia anuncia anillos y pulseras de una joyería internacional. ¡Qué orgullosa está Julia de sí misma!

1 Julia tenía una costumbre detestable porque. . .

1. no era hermosa.
2. no era aplicada en la escuela.
3. siempre estaba preocupada y quería ser perfecta.
4. sus padres no la querían.

2 ¿Por qué comenzó a llorar Julia un día?

1. Era gorda.
2. No estaba contenta de sí misma.
3. No era inteligente.
4. Estaba alegre.

3 Para sentirse feliz, Julia. . .

1. se hizo cortar el pelo.
2. compró vestidos nuevos.
3. comió mucho.
4. buscó un tratamiento especial para los dedos.

3a. **LONG CONNECTED PASSAGES** | 27

4 ¿Cómo terminó Julia esa costumbre detestable?

1. Se comió las uñas de una compañera de clase.
2. Nunca más abrió la boca.
3. Metiéndose las manos en los bolsillos.
4. Comiendo otra cosa.

5 ¿Qué se puede decir ahora de las manos de Julia?

1. Son famosas.
2. Son feas.
3. Son duras.
4. Son largas.

3b
SHORT READINGS
(MULTIPLE CHOICE, ENGLISH)

Part 3b consists of a series of short readings. For each selection, there is a question or incomplete statement in English. For each, choose the expression that best answers the question or completes the statement. Base your choice on the content of the reading selection. Write the number of your answer in the space provided.

¡SALGA A CELEBRAR!

¡FELIZ CUMPLEAÑOS!

QUE SEA UNO DE LOS MEJORES

1 Why was this card sent?

    1. To congratulate someone who was promoted.
    2. To wish someone a Merry Christmas and a Happy New Year.
    3. To wish someone a happy birthday.
    4. To extend an invitation.

2 A parent would respond to this ad if. . .

1. a child needed a competent day-care center.
2. a child was very advanced for his age.
3. a child was looking for a summer job.
4. a child was having problems in school.

3 Why would you use this machine?

1. To clean house.
2. To do homework.
3. To exercise.
4. To travel from one place to another.

ARZOBISPADO DE LIMA

CONSTANCIA DE MATRIMONIO   Nº 33588

Por la presente se certifica que en el Archivo de la

Parroquia (Capellanía, etc.) <u>San José - Lima</u>

se encuentra una Partida en el Libro de Matrimonios No. <u>VII</u>, a foja <u>260</u>

número <u>533</u> cuyos datos son:

Esposo <u>Don Carlos García Pérez, natural de Lima</u>

Esposa <u>Dñ. Luisa Gutiérrez Rojas, natural de Lima</u>

Fecha de Matrimonio <u>Diecinueve de junio de mil novecientos</u>

   <u>setenta y cinco</u>

Padrinos <u>Don Pedro Martínez y dñ. Ana Sotelo</u>

Anotaciones (textuales) <u>No hay. ---------------------------------</u>

Lima, <u>26</u> de <u>junio</u> de 197<u>5</u>

Francisco Paz

Párroco

El suscrito certifica la autenticidad de la
firma y sello de la presente Constancia
de Matrimonio.

Lima <u>26</u> de <u>junio</u> de 197<u>5</u>

Antonio Ruiz

Antonio Ruiz
Notario Eclesiástico

Notario Eclesiástico

PARROQUIA DE SAN JOSÉ

Sello

LIMA

Sello de la Curia Arzobispal

---

4 What do you know about Carlos and Luisa?

1. They were born in Costa Rica.
2. There were no witnesses to their marriage.
3. They were married on June 19, 1975.
4. They were divorced in Lima.

Cómo aprovechar al máximo su rutina de cuidado en casa

Usted puede ayudar a mejorar su higiene bucal estableciendo, como parte de su rutina diaria, el control de la placa y del sarro.

El cepillarse apropiadamente ayuda a eliminar la placa de las superficies externas, internas y de masticación de sus dientes.

El uso adecuado del hilo dental ayuda a eliminar la placa y los restos de comida de entre los dientes, especialmente en las partes difíciles de alcanzar y ligeramente bajo la línea de las encías.

5 You would continue reading this information to learn how to. . .

1. clean your house.
2. clean your teeth.
3. eat properly.
4. eliminate bad breath.

6 People born under this sign should not expect . . .

1. to get along with their friends.
2. to make new friends.
3. changes in their personal lives.
4. changes in their jobs.

TAURO

ABRIL 21 A MAYO 21

Las nacidas bajo el signo de Tauro se sentirán en armonía con todas las personas que las rodean. Gracias a ello podrán hacer nuevas amistades. Habrá cambios en la vida sentimental. Momentos inolvidables en el amor. Los asuntos personales mejoran. Todo igual en el trabajo. Visita de personas distantes.

¡50 pisos de pura aventura!

En lo más alto de un rascacielos, una banda de terroristas se apoderó del edificio y declaró la guerra. Una mujer logró escapar…

DIFÍCIL DE MATAR

1

ACUSADAS

¡EL ÚNICO CRIMEN EN EL QUE LA VÍCTIMA DEBE COMPROBAR LA INOCENCIA!

2

¿Y…DÓNDE ESTÁ EL BOMBERO?

Abróchense el cinturón, agárrense de la silla y prepárense porque van a reventar de la risa.

3

El Sacerdote cree en Dios. El Policía cree en el Estado. Ambos están dispuestos a morir por su fe.

Complot

contra la independencia

4

7 Which movie would you go to if you wanted to see a comedy?

DIRECCIÓN GENERAL DE REGISTRO CIVIL

IDENTIFICACIÓN Y CEDULACIÓN

Jefatura Cantonal de Manta

Partida de Nacimiento

Año 1967 tomo 1 pag. 33 acta 888.

En Manta a veintiocho de agosto de mil novecientos sesenta y siete a los dos de la tarde ante mi Luis Álvarez Gómez Jefe de Registro Civil de este Cantón, Provincia de Manabí compareció: Julio Cesar Hernández Morales, de veinticinco años de edad, de estado casado, de nacionalidad ecuatoriana de profesión emplea- do, vecino de Manta y que declara: Que en su habitación el vein- ticuatro de agosto del presente año a la una de la tarde, nació una niña, que es hija legítima del declarante y de María Elena Ruiz García de veinticuatro años de edad, de estado casada, de nacionalidad ecuatoriana, de profesión Of. de casa, vecina de Manta: a quien se le ha puesto el nombre de: Luz Hernández Ruiz. Leída esta acta la firmaron conmigo el declarante y el infrascrito secretario que certifica. - f) Ilegible. - f) Ilegible. - f) Ilegible. - Es fiel copia de su original. - x Manta 20 de febrero de 1989

Lilia Colón
Jefa Cantonal
de. Registro Civil de Manta

Secretario

8 For whom was this birth certificate issued?

1. Luis Álvarez Gómez.
2. Luz Hernández Ruiz.
3. María Elena Ruiz García.
4. Julio César Hernández Morales.

$\mathcal{V}$alle de las $\mathcal{F}$uentes

36 casas
al costo
desde 50 millones
en conjunto cerrado.

El 70% del proyecto está vendido

* En las colinas de Suba Diagonal
  117A No. 59-03
* Máxima seguridad
* Jardines privados

1

Esta es su nueva casa
ALTURAS DE
Acapulco

Con 3 alcobas, sala, comedor, baño completo, cocina y jardín interior.

Conózcala en la Cll. 34S con Cra. 5a. Sólo $880.000 de cuota inicial.

Casa Global, Ltd.

2

Viva en el Bosque Residencial
«SIERRAS VERDES»

Apartamentos a costo fijo sobre planos, con 3 alcobas, estudio y terraza.
Con gimnasio, parque para niños, cancha de tenis y excelente vista sobre la ciudad.

 SIERRAS VERDES

Cra 9, Calle A

3

En medio de la exuberante naturaleza de un precioso parque, donde usted disfrutará de un estilo de vida más tránquilo rodeado de un ambiente silvano, se encuentra el

$\mathcal{J}$ardín de los $\mathcal{D}$ioses.

En estas cómodas residencias de tres habitaciones y 2 baños, usted encontrará todas las conveniencias de la vida moderna, desde sólo $68.000.
Tel: 2 46 69 08

4

---

9   Where would you live if you wanted a view of the city?

10 What must you do to receive the discount?:

1. Spend at least 15.000 pesetas for goods if you live in a European Community country.
2. Pay in pesetas.
3. Spend no more than 10.000 pesetas.
4. Import your purchase from any country.

Bienvenidos a Madrid

En la planta baja de Almacenes El Sol, encontrará Ud. una gran selección de regalos que les recordarán a Ud. y sus amigos de su visita a Madrid. Intérpretes y especialistas del descuento para turistas les ayudarán con mucho gusto.

DESCUENTO

En todas las compras que Ud. efectúe en **Almacenes El Sol** se podrá beneficiar del 13% de descuento para exportación en el caso de:

—que resida en uno de los países de la Comunidad Europea y que su compra sea de un importe unitario igual o superior a 15.000 pesetas.

—que resida en cualquier otro país y sus compras sean de un importe global igual o superior a 10.000 pesetas.

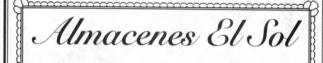

Almacenes El Sol

LA PRIMERA DE BOGOTÁ

Una selección completa de cajas fuertes para todo tipo de usos comerciales, industriales y residenciales.

✦ **Protección contra robos e incendios**

✦ **Cajas fuertes**

✦ **Sistema de máxima seguridad**

✦ **Se reparan, mudan, compran y cambian cajas fuertes**

11 You would call this company if you needed. . .

1. to repair a machine.
2. someone strong to do a job.
3. a security guard.
4. to protect your valuables.

REPÚBLICA O. DEL URUGUAY

CORTE ELECTORAL

Registro Cívico Nacional

Form. 64

CREDENCIAL

SERIE *AICA* N⁰ *7067*

Nombre y apellido que contenga el documento presentado

Clara Núñez

Nombre y apellido usuales si difieren de los anteriores:

Cecilia Núñez

País y lugar de nacimiento *R.O. del Uruguay, Montevideo*

Lugar y fecha de la inscripción *Montevideo, 15 de mayo de 1969*

Indiv. Dact. { Serie *4144*
Sección *7771*

Firma del inscripto o constancia de no saber o no poder firmar

A. Gómez
Jefe

B. Rosario
Secretario

REGISTRO CÍVICO NACIONAL
R.O. DEL URUGUAY

Sello

12   What do you know about this person?

1. She was born in March.
2. She lives in Paraguay.
3. Her last name is Montevideo.
4. She changed her name.

López y López

ESTABLECIDOS EN 1970

«La calidad es nuestro segundo nombre»

Contratistas de electricidad
Alambrado para
● luz ● calefacción ● energía
● alambrado de 220

Tel. 555-4621

1

Sánchez Eléctrica

«EL NOMBRE LO DICE TODO»

Residencial • Comercial

Servicio de emergencia

Cualquier día–A cualquier hora

Conexiones para luz

Calefacción y energía

Teléfono: 555-3643

2

Cruz y Salvador

Contratistas de electricidad
Servicio residencial,
industrial y comercial

■ Servicios para 220 voltos

■ Líneas de aire acondicionado

■ Sistemas locales de alarma
contra incendios

■ Cables para luz y energía

HABLAMOS ESPAÑOL

Hemos servido
por más de 40 años

Teléfono: 555-2265

3

MORENO Y HERMANOS

Electricistas al servicio de la
comunidad latinoamericana

Ofrecemos servicio de emergencia
los 7 días de la semana

Tenemos más de 20 años de
experiencia en instalaciones y
reparaciones eléctricas

Tarifas razonables

TEL. 555-7000

4

13 Which company can be reached 24 hours a day?

14 Where would you go to buy a computer?

15 You would follow these instructions to. . .

1. operate a machine.
2. teach someone to swim.
3. administer first aid.
4. drive a car.

Puede conseguir parar la hemorragia haciendo presión directamente en la herida con la mano o con un paño limpio, si lo hubiere. Mantenga la presión hasta que llegue ayuda. Si la herida es en un brazo o en una pierna, y aparentemente no hay huesos rotos, levante también el brazo o la pierna con cuidado para reducir la hemorragia mientras mantiene la presión sobre la herida.

Estimado(a) Pasajero(a):

Ud. deberá presentarse en el aeropuerto 30 minutos antes de la hora de salida del vuelo. A partir de los 15 minutos previos a la salida del vuelo, la empresa dispondrá de su asiento para la venta de lista de espera. Todo pedido de cambio de fecha o devolución deberá ser efectuado con seis (6) horas de anticipación, caso contrario se impondrán los siguientes cargos de servicios:

Pasaje con fecha marcada	Cambio de fecha de vuelo	Devolución
Antes de seis (6) horas de la salida del vuelo	Sin cargo	20% de cargo
Dentro de las seis (6) horas anteriores a la salida del vuelo	20% de cargo de revalidación	Sin derecho
Pasaje con fecha abierta	Sin cargo	Sin cargo
Pasajero no presentado	20% de cargo	Sin derecho

16 What is this airline telling you?

1. To change your plans, you must give 6 hours notice or pay a penalty.
2. You must be in your seat 15 minutes before takeoff.
3. If flights are overbooked, your name will go on a waiting list.
4. You may arrive up to 30 minutes late without missing your flight.

GERENTE DE PRODUCCIÓN INDUSTRIAL

Para trabajar en La Paz, Bolivia, en importante industria productora de alimentos empacados (galletas, chocolates y caramelos).

La persona que se busca tendrá bajo su responsabilidad la dirección del funcionamiento de la planta industrial de la compañía; el planeamiento de su producción y la proyección de la fábrica.

La persona seleccionada deberá tener amplia y comprobada experiencia en cargos y funciones similares.

Se ofrece un atractivo conjunto de ingresos y compensaciones; excelente ambiente de trabajo y estabilidad. Interesados favor escribir al apartado No. 921 de La Paz, indicando gerente de producción industrial.

17 You might apply for this job if you. . .

1. want a high salary.
2. want to be a chef.
3. have managerial experience.
4. want to travel.

Superlimpio. Trajes de baño, ropas de bebitos, blusas, ropa interior—limpia suavemente con seguridad, en agua fría, sin encoger, estirar o decolorar. Económico—use sólo $1/2$ taza por carga de lavado promedio.

1

Lustral. Lustra carteras y maletas. Delicada espuma, limpia, deja una capa protectora de silicona que protege contra la suciedad.

2

Burbujas. Relájese en un refrescante baño de millones de ondulantes burbujas. Limpia suavemente, con un ligero perfume. Fórmula para hombres y mujeres.

3

Espumosa. Apresúrese a disfrutar de los placeres del verano haciendo rápidamente la limpieza del horno. Poderosa espuma fregadora disuelve la grasa cocida de las paredes, parrillas del horno, de manera que puede limpiarlo fácilmente. Úselo en horno caliente o frío.

4

18 Which product would you use when you take a bath?

Los Reyes

*50 años de experiencia en
Mudanzas Internacionales*

**PUERTO RICO • REPÚBLICA DOMINICANA
AMÉRICA DEL SUR Y CENTRAL**

* Servicios de puerta a puerta: mar y aire

* Seguro para carga interoceánica

* Recipientes de acero de 20 y 40 pies

* Embalado de calidad para la exportación

* Embarcamos autos

**Calle 5 No. 1728
Caracas Tel: 78–5129**

19 You would contact this company if you wanted to. . .

1. ship your car abroad.
2. take a trip.
3. make an overseas phone call.
4. buy products from Latin America.

La vida es más bella si te gusta tu profesión

- ❦ Nuevas clases empiezan todos los meses.
- ❦ Clases de día y de noche.
- ❦ Asistencia permanente en la obtención de empleo.
- ❦ Préstamos y ayuda financiera.
- ❦ Llame o venga a participar en una sesión creativa.
- ❦ Utilize los propios libros de texto y los materiales audiovisuales para aprender con más facilidad.
- ❦ Curso de belleza completo en solamente 8 meses.

Para más información llame al 22-4179

ACADEMIA DE BELLEZA

Dulcinea

Calle 1 No. 175   San José

20   This ad would be answered by a person who wanted to. . .

1. learn English.
2. become a beautician.
3. earn a high school diploma.
4. become beautiful.

3c SLOT COMPLETION

In each of the following passages, there are five blank spaces numbered 1 through 5. Each blank space represents a missing word or expression. For each blank space, four possible completions are provided. Only one of them makes sense *in the context of the passage*.

First, read the passage in its entirety to determine its general meaning. Then read it a second time. For *each* blank space, choose the completion that makes the best sense and write its *number* in the space provided.

1 El automóvil del futuro estará equipado con aparatos verdaderamente estupendos. Tendrá por lo menos tres computadoras. Una de ellas verificará ___(1)___, los frenos y el cambio de velocidades. Las dos otras se ocuparán de la comodidad del chófer. Una computadora escogerá automáticamente el programa de radio que Ud. prefiere mientras la otra ajustará el asiento tan pronto como Ud. se siente. Las tres computadoras se comunicarán entre sí para ___(2)___ que haya problemas. La voz de las computadoras le anunciará a Ud. la velocidad del auto, la cantidad de ___(3)___ que le queda y el kilometraje que hay que recorrer para llegar al lugar de destino.

Cada auto tendrá un sistema de ___(4)___ que indicará por sonidos si hay objetos en la ruta. Eso impedirá que el auto aplaste esos objetos.

Un sistema de video le permitirá ver en una pantalla todo lo que hay detrás del auto y le ayudará a Ud. a encontrar la ruta mejor en caso de ___(5)___.

Grandes o pequeños, los autos del futuro tendrán una ventaja grande: no costarán mucho.

(1) 1 los asientos
2 las ventanas
3 el motor
4 las puertas

(2) 1 evitar
2 crear
3 cambiar
4 escuchar

(3) 1 dinero
2 tiempo
3 gasolina
4 comida

(4) 1 televisión
2 radar
3 números
4 luces

(5) 1 acostarse
2 dormirse
3 acordarse
4 perderse

2 Imagina que eres astronauta. Hoy haces tu primer viaje por ___(1)___. Es mediodía y tienes ___(2)___. Tratas de comer algo pero te das cuenta de que esa actividad es bastante difícil. Puesto que la gravedad no existe lejos de la tierra, la comida ___(3)___ en el aire. Tienes que aprender a comer despacio. Y la comida es muy ___(4)___ de la que comemos aquí en la tierra. La mayor parte de la comida preparada por los astronautas es liofilizada. Es decir que se la cocina, se la congela y después, se le saca el agua. Por eso, la comida no es ni muy ___(5)___ ni necesita mucho espacio. Los astronautas pueden comer pollo, fresas e inclusive espagueti de esta manera.

(1) 1 el mar
2 el espacio
3 el cielo
4 el lugar

(2) 1 hambre
2 sueño
3 calor
4 miedo

(3) 1 se evapora
2 se reduce
3 flota
4 desaparece

(4) 1 deliciosa
2 fácil
3 diferente
4 popular

(5) 1 ligera
2 nutritiva
3 pequeña
4 pesada

3 El papel de la mujer moderna ya no se limita sólo a la casa. Hoy día la mujer ___(1)___ fuera de su hogar. ¿Por qué? Primero porque hoy la vida es muy cara y la mujer quiere ___(2)___ a pagar los gastos de la casa. Trabaja por necesidad económica. Además, se aburre ___(3)___. Al trabajar fuera de la casa puede desarrollar su intelecto, tanto en la comunicación con otras ___(4)___ como en el desarrollo de diversos proyectos. Finalmente, la mujer moderna prueba que es tan valiosa profesionalmente como un hombre y que puede ___(5)___ de manera importante a la sociedad.

(1) 1 viaja
2 trabaja
3 salta
4 camina

(2) 1 igualar
2 suprimir
3 ayudar
4 robar

(3) 1 en casa
2 en la oficina
3 en el parque
4 en la escuela

(4) 1 estudiantes
2 personas
3 casas
4 radios

(5) 1 cocinar
2 trabajar
3 correr
4 contribuir

4 Cuando hace buen tiempo me gusta mucho llevar a mis hijos a un parque de atracciones que está cerca a nuestra casa. Hoy día estos parques están llenos de aparatos emocionantes y ____(1)____.

Los primeros parques de atracciones fueron construidos solamente para adultos. En éstos se practicaban deportes, se comía comidas ligeras o se escuchaba música. No había ____(2)____. Si Ud. compara esos parques con los de hoy día, comprenderá que no eran muy ____(3)____. Más tarde, añadieron un sólo aparato a los parques, por ejemplo una montaña rusa, para atraer ____(4)____. Poco a poco se dieron cuenta de que a todo el mundo le gustaban mucho esos aparatos y añadieron muchos más. Hoy ____(5)____ y mejorado los aparatos para atraer a tantas personas de todas las edades como sea posible.

(1) 1 pequeños
2 dentales
3 viejos
4 ultramodernos

(2) 1 aparatos de montar
2 comidas
3 discos
4 personas

(3) 1 aburridos
2 interesantes
3 simpáticos
4 tranquilos

(4) 1 a los magos
2 a las muñecas
3 a los niños
4 a los animales

(5) 1 han jugado
2 han matado
3 han cerrado
4 han modernizado

5 Hace dos años que Ud. estudia español pero no habla con tanta fluidez como quiere. Lo siguiente es lo que puede hacer si quiere hablar español correctamente:

a. Trate de visitar un país ____(1)____ donde tendrá la oportunidad de utilizar la lengua que Ud. está aprendiendo.

b. Vaya a ver películas españolas y haga esfuerzos por no ____(2)____ los subtítulos.

c. Lea lo más posible en español — revistas, ____(3)____ y periódicos.

d. Planee por anticipado en ____(4)____ en español y en conversar en esta lengua.

e. Escriba cartas en español a un(a) amigo(a) por correspondencia.

f. Escuche discos y casetes españoles y cante con el disco. Cantar en una lengua extranjera es bueno para ____(5)____.

Si sigue esos consejos, se dará cuenta de que en poco tiempo hablará español mejor.

(1) 1 de Asia
2 imaginario
3 de Africa
4 de habla española

(2) 1 decir
2 leer
3 escribir
4 comprender

(3) 1 novelas
2 películas
3 programas
4 discos

(4) 1 trabajar
2 creer
3 viajar
4 pensar

(5) 1 la salud
2 el espíritu
3 el acento
4 el trabajo

6 Los Pérez tienen planes para el sábado por la noche. Quieren salir a comer y también ir a ver una película. Pero como todos los padres jóvenes de hoy día, tienen dificultades en conseguir ___(1)___ para sus hijos pequeños. ¿Qué hacer? La señora Pérez tiene una buena idea. Acaba de leer ___(2)___ de la compañía Babytel en el periódico de la vecindad.

¿Qué es Babytel? Es un hotel completamente original cuyos solos clientes son ___(3)___. Los recién nacidos así como los niños de hasta seis años de edad pueden pasar allí la noche en plena seguridad. Creado y dirigido por una pedagoga especializada en educación preescolar, ese hotel satisface ___(4)___ de matrimonios de habla española que quieren asegurarse del bienestar de sus niños cuando no están con ellos. De esta manera, padres e hijos pueden divertirse sin ___(5)___.

(1) 1 un auto
2 un programa
3 una niñera
4 una cama

(2) 1 un anuncio
2 una receta
3 una composición
4 un capítulo

(3) 1 adultos
2 niños
3 viajeros
4 turistas

(4) 1 las necesidades
2 las cartas
3 al teléfono
4 a los padres

(5) 1 dinero
2 peligro
3 salir
4 preocupaciones

7 María y Felipe Barbosa son dos jóvenes turistas españoles que visitan los Estados Unidos por primera vez. Puesto que son ___(1)___ a los deportes, deciden ir a ver un partido de fútbol profesional.

Llegan ___(2)___, compran los billetes y van a buscar sus ___(3)___ en la tribuna. Cuando el partido empieza, María y Felipe se sorprenden. Notan que la pelota no es redonda, sino ___(4)___, y los jugadores utilizan las manos así como los pies y tocan y agarran la pelota. Además, llevan ___(5)___ en la cabeza. Es muy distinto del fútbol europeo.

(1) 1 amigos
2 aficionados
3 propietarios
4 equipos

(2) 1 al cine
2 a la escalera
3 a la tienda
4 al estadio

(3) 1 asientos
2 juguetes
3 abogados
4 planos

(4) 1 triangular
2 cuadrada
3 ovalada
4 rectangular

(5) 1 pañuelos
2 cascos
3 sombreros
4 abrigos

8 ¿Tiene Ud. una computadora en casa? Pues, compre Ud. este formidable programa que le permite jugar o crear su música preferida. Este programa le permite escoger entre diez piezas de música de todos los ___(1)___ — música clásica, jazz, rock — y escuchar la pieza o cambiarla según su ___(2)___. Ud. puede ___(3)___ notas o cambiar el tono o el compás para componer una pieza ___(4)___. Es un concepto nuevo en el campo de la computadora.

Recientemente, en una entrevista, el creador del programa explicó que cuando tenía doce años no sabía nada ni sobre computadoras, ni sobre música. Pero después de mucha ___(5)___, se ha convertido en un verdadero experto.

(1) 1 momentos
    2 estilos
    3 días
    4 tiempos

(2) 1 opinión
    2 reloj
    3 preferencia
    4 oreja

(3) 1 torcer
    2 añadir
    3 olvidar
    4 evitar

(4) 1 dental
    2 de automóvil
    3 de teatro
    4 musical

(5) 1 perseverancia
    2 confianza
    3 hambre
    4 inquietud

9 A la edad de ocho años, Carlos Rivera tenía un gran problema: no sabía leer. Sus padres estaban muy ___(1)___ y ellos fueron a ver al asesor escolar de Carlos, el señor Peña. Los Rivera le explicaron que no comprendían el problema puesto que Carlos no era ni estúpido ni ___(2)___. Al contrario, hacía lo mejor posible para ___(3)___. El señor Peña sugerió a los Rivera de llevar a su hijo a un oftalmólogo, es decir, un médico que se especializa en problemas ___(4)___. ¡Qué buena idea!

Los Rivera llevaron a Carlos al consultorio del doctor Bojos Lozano quien pasó mucho tiempo examinándole la vista a Carlos. Al terminar el exámen, el oftalmólogo confirmó que Carlos tenía un pequeño problema en el músculo del ojo izquierdo y que eso se podía ___(5)___ con ejercicios. El muchacho tenía que ir al consultorio del oftalmólogo dos veces a la semana durante seis meses. Una vez cumplidos los seis meses, Carlos pudo leer como un experto porque su problema se había curado.

(1) 1 contentos
    2 enfermos
    3 preocupados
    4 simpáticos

(2) 1 perezoso
    2 diligente
    3 feo
    4 fuerte

(3) 1 suceder
    2 salir bien
    3 regresar
    4 exagerar

(4) 1 del oído
    2 psicológicos
    3 sociales
    4 de la vista

(5) 1 trabajar
    2 corregir
    3 explicar
    4 fijar

10 Aníbal es un elefante jóven que vive en el parque zoológico de Montevideo. Hace un año, Aníbal se enfermó. No comía y empezó a bajar ____(1)____ . Dormía mal y por esa razón estaba ____(2)____ . Las personas que lo cuidaban ____(3)____ . Llamaron al veterinario. El veterinario descubrió que Aníbal tenía dolor de muelas y que era necesario que un dentista lo examinara. El dentista encontró un diente que tenía una caries y que ____(4)____ al elefante masticar la comida. El dentista le puso una inyección de anestesia a Aníbal y después, con un taladro especial, el dentista logró ____(5)____ el diente que medía 24 cm y que pesaba 4 kg.

(1) 1 la escalera
2 del árbol
3 de peso
4 de la montaña

(2) 1 alegre
2 colérico
3 serio
4 activo

(3) 1 se rieron
2 se equivocaron
3 se burlaron
4 se inquietaron

(4) 1 impedía
2 ayudaba
3 hacía
4 causaba

(5) 1 sacarle
2 explicarle
3 venderle
4 ponerle

11 A la edad de diez y seis años, Ana terminó sus estudios en la escuela secundaria. Era una estudiante aplicada e inteligente que ____(1)____ en todos sus cursos y exámenes. Por eso, fue admitida en una buena universidad para estudiar medicina.

Los padres de Ana querían ____(2)____ por sus buenas notas. Le propusieron viajar a Europa. Ana podría acompañar a sus abuelos, que iban a visitar a un hijo que vivía en Inglaterra. Ana aceptó con ____(3)____ .

El 7 de agosto, Ana tomó el avión en el aeropuerto de Nueva York. Estaba contenta, pero comenzó a llorar cuando el avión despegó. A pesar de la nostalgia de su país, se divirtió mucho durante el viaje, que ____(4)____ siete días. Ana pasó unas vacaciones ____(5)____ con sus primas.

(1) 1 salía bien
2 salía mal
3 comenzaba
4 terminó

(2) 1 leerla
2 premiarla
3 castigarla
4 corregirla

(3) 1 sueño
2 miedo
3 vergüenza
4 gusto

(4) 1 acabó
2 duró
3 contó
4 escogió

(5) 1 tristes
2 melancólicas
3 formidables
4 perezosas

12 ¿Le gusta a Ud. patinar? Ese deporte es muy divertido, pero si Ud. no es ___(1)___, corre el peligro de herirse. El Comité de Salud acaba de publicar un folleto con las siguientes sugerencias:

a. ___(2)___ patinar con exceso de velocidad, especialmente por las calles. Vaya despacio.

b. ___(3)___ un traje que proteja los codos, las muñecas y las rodillas. Lleve un casco sobre la cabeza y un protector dental.

c. Revise sus patines. ¿Están en buen estado?

d. Antes de patinar, haga ___(4)___ para disminuir el riesgo de lastimarse los músculos.

e. Tenga cuidado con los otros patinadores. Mire a la derecha y a la izquierda para evitar accidentes.

f. No patine con las ___(5)___ en los bolsillos.

(1) 1 feliz
2 prudente
3 grande
4 interesante

(2) 1 Trate de
2 Empiece a
3 Comience a
4 Evite de

(3) 1 Póngase
2 Tómese
3 Quítese
4 Píntese

(4) 1 comidas
2 ejercicios
3 compras
4 viajes

(5) 1 piernas
2 orejas
3 rodillas
4 manos

13 Para celebrar su boda, mi hermana Susana no quiso hacer una fiesta tradicional. En vez de escoger un salón de baile grande para su fiesta, ella prefirió un restaurante elegante que podía acomodar a ___(1)___. En vez de escoger una orquesta que tocara canciones populares, escogió ___(2)___ de tres músicos que se especializaban en baladas y música romántica. Puesto que detesta ___(3)___, escogió una comida vegetariana que consistía en una ensalada de frutas, legumbres y papas. Llevó un vestido blanco y corto pero muy ___(4)___, no un vestido de boda como la mayoría de la novias. Y como si no fuera suficiente, ella y el novio se fueron ___(5)___ en motocicleta.

(1) 1 todos los invitados
2 sólo los novios
3 dos personas
4 todo el mundo

(2) 1 un equipo
2 una caja
3 un grupo
4 un partido

(3) 1 los alimentos
2 la carne
3 el queso
4 los aperitivos

(4) 1 largo
2 feo
3 elegante
4 fuera de moda

(5) 1 de la oficina
2 del bosque
3 de la escuela
4 del restaurante

14 Los científicos han demostrado que las personas tienen muchos sueños cada noche. Al contrario de lo que creíamos, los sueños nunca duran toda la noche. Es un hecho científico que los sueños son de ___(1)___ duración — desde pocos segundos hasta llegar a un máximo de varios minutos.

¿Soñamos en blanco y negro o en colores? La opinión general es que algunos sueños son en blanco y negro mientras que otros son en diversas ___(2)___ .

Cuando soñamos, los ojos se agitan rápidamente debajo de los párpados ___(3)___ . Llamamos a eso el sueño «REM» a causa de ese ___(4)___ tan rápido.

El estudio de los sueños es una ciencia interesante porque se cree que cada sueño tiene ___(5)___ especial.

(1) 1 larga
2 grande
3 corta
4 importante

(2) 1 formas
2 coloraciones
3 duraciones
4 situaciones

(3) 1 cerrados
2 fijados
3 abiertos
4 condensados

(4) 1 sueño
2 problema
3 ojo
4 movimiento

(5) 1 un significado
2 un lugar
3 una forma
4 una respuesta

15 Anoche se produjo un sabotaje en el edificio de la Agencia Espacial Europea. La organización terrorista Acción y Venganza incendió el edificio para ___(1)___ documentos secretos. Hubo una explosión grande y veinte personas resultaron ___(2)___ . Todas fueron llevadas en ambulancias al hospital.

Ese atentado causó pérdidas materiales bastante ___(3)___ . Los laboratorios de la Agencia Espacial así como cuatro de los diez ___(4)___ del edificio fueron completamente destruidos. Todas las ventanas se rompieron. Seis coches y dos camionetas estacionados cerca del edificio se ___(5)___ a causa del intenso fuego.

La policía acaba de arrestar a cinco personas sospechosas de ser miembros de la organización Acción y Venganza. Los sospechosos van a ser interrogados esta tarde con el objeto de encontrar al jefe de la organización.

(1) 1 copiar
2 esconder
3 destruir
4 devolver

(2) 1 capturadas
2 heridas
3 enojadas
4 robadas

(3) 1 serias
2 triunfantes
3 pequeñas
4 débiles

(4) 1 vestidos
2 habitantes
3 cuadros
4 pisos

(5) 1 broncearon
2 quemaron
3 cocinaron
4 lustraron

16 Nunca olvidaré el día en que más miedo tuve en mi vida. Hablo de un lindo día de hace veinte años cuando fui a la playa con todos mis amigos. El viaje en auto a nuestro lugar favorito nos llevó dos horas a causa ___(1)___. Hacía mucho sol. Todo el mundo tenía ganas de entrar en seguida al mar. Finalmente, al llegar a nuestro destino, corrimos hacia ___(2)___. Yo nadaba con mis amigos. Jugábamos y nos divertíamos tanto que no nos dimos cuenta ___(3)___ de las olas y de la corriente. Como yo tenía hambre, quise regresar a la playa y empecé a nadar. Pero apenas avanzaba. Estaba tan cansada que no podía continuar. Pensaba que iba a ___(4)___. En ese momento, cuando había perdido ya toda esperanza, un salvavidas se acercó a mí y me ___(5)___. Yo le di las gracias. Hoy en día cuando tengo ganas de nadar, voy a la piscina.

(1) 1 del ruido
2 del tránsito
3 del movimiento
4 del calor

(2) 1 el mar
2 la calle
3 la arena
4 el bosque

(3) 1 de la calidad
2 del color
3 de la intensidad
4 del olor

(4) 1 levantarme
2 comer
3 crecer
4 morir

(5) 1 terminó
2 salvó
3 chocó
4 golpeó

17 El culto a las madres tiene sus antecedentes en las antiguas religiones de Africa, Asia, Grecia y Roma. En todas esas religiones había una figura que era honrada como diosa madre.

Pero el Día de la Madres, tal como lo conocemos hoy, tuvo su verdadero ___(1)___ en los Estados Unidos en el siglo veinte. En 1907 Anna Jarvis sugirió que se instituyera un día especial para que los hijos pudieran rendir homenaje a sus madres y ___(2)___ por su amor y sus sacrificios. En muy poco tiempo ___(3)___ de esa idea se extendió a todas partes del país. En 1915 el presidente Wilson proclamó oficialmente el segundo domingo de mayo como «Día de las Madres» — un día en que todos podrían ___(4)___ su admiración, respeto y amor por sus ___(5)___.

(1) 1 fin
2 comienzo
3 problema
4 pensamiento

(2) 1 darles gracias
2 contradecirles
3 gritarles
4 perderlas

(3) 1 la historia
2 la popularidad
3 la dificultad
4 la falta

(4) 1 cambiar
2 olvidar
3 expresar
4 tratar

(5) 1 hijos
2 padres
3 maestros
4 madres

18 Es probable que un individuo se ponga nervioso cuando se enfrenta a una situación importante. Esto le pasa a todo el mundo de vez en cuando. Afortunadamente, ese síntoma es fácil de combatir si Ud. ___(1)___ estos consejos:

a. Aprenda a ___(2)___ y a tranquilizarse. Repítase a sí mismo — Tranquilízate. Respirar profundamente le ayudará a calmarse.

b. Tenga ___(3)___ en sí mismo. Piense que tendrá éxito aunque cometa algún error. Dese cuenta de que Ud. ___(4)___ gracias a los errores y deje que toda equivocación sea una experiencia que la ayude a mejorarse.

c. Esté siempre bien ___(5)___ y Ud. se acostumbrará a cualquier situación.

(1) 1 sigue
2 es
3 conduce
4 dice

(2) 1 quedarse
2 descansar
3 jugar
4 despertarse

(3) 1 confianza
2 miedo
3 suerte
4 sueño

(4) 1 espere
2 aprende
3 entiende
4 escuche

(5) 1 triste
2 cansado(a)
3 infeliz
4 preparado(a)

19 Julio es un muchacho de doce años que no puede ver nada. ___(1)___ desde el nacimiento, se adaptó a sus alrededores con la ayuda de un perro amaestrado especialmente para sus necesidades.

Ahora, gracias a ___(2)___ especiales que ayudan a los individuos a «ver» por el sonido, Julio puede desenvolverse mejor a pesar de su ceguera. Este invento permite a Julio ir a todas partes de la misma manera que los murciélagos, animales que pueden ver mejor por la noche sin usar ___(3)___. Esos animales utilizan «sonar» — la navegación de los sonidos. La calidad del sonido, la intensidad y el timbre de los ___(4)___ ayudan a Julio a determinar más o menos los objetos que lo rodean. Ahora Julio está ___(5)___ porque puede montar bicicleta e ir a esquiar.

(1) 1 Sordo
2 Mudo
3 Ciego
4 Pequeño

(2) 1 anteojos
2 palos
3 vitaminas
4 vestidos

(3) 1 los ojos
2 lentes
3 la lengua
4 las orejas

(4) 1 relojes
2 ruidos
3 olores
4 murciélagos

(5) 1 triste
2 molesto
3 enfermo
4 alegre

20 Todos los inviernos mis padres van de vacaciones a la Florida por tres meses, porque en nuestro estado hace demasiado frío. Puesto que vivo en la misma calle que ellos, cuando se van, siempre tengo la responsabilidad de ___(1)___ la casa. Es decir, regar las plantas, recoger el correo y asegurarme de que todo funcione perfectamente. Cada año, sin excepción, desde el momento que se marchan, hay problemas. En una ocasión los dos autos se dañaron. Otra vez, un amigo que vino de visita ___(2)___ la puerta del garaje con su auto. Este año, ___(3)___, fue el peor de todos. La primera vez que entré en la casa, vi tantos ratones que no podía contarlos. Tenía mucho ___(4)___. Traté de matarlos pero fue imposible. Al fin, llamé a un fumigador que ___(5)___ venir lo más pronto posible para remediar el problema. Cuando telefoneé a mi madre para contarle el problema, le dije que el próximo año seré yo el que vaya a la Florida.

(1) 1 vender
2 cuidar
3 robar
4 comprar

(2) 1 rompió
2 buscó
3 encontró
4 condujo

(3) 1 sin dinero
2 por lo menos
3 por fin
4 sin embargo

(4) 1 sueño
2 sed
3 miedo
4 hambre

(5) 1 dijo
2 prometió
3 explicó
4 fue

PART 4

Writing

In Part 4, your teacher will assign to you one or more notes, narratives, and/or letters. Follow the directions below carefully.

4a | INFORMAL NOTES

Write a well-organized note in Spanish as directed below. Follow the specific instructions for each note you select or are assigned. Each note must consist of at least six clauses. A clause must contain a verb, a stated or implied subject, and additional words necessary to convey meaning. The six clauses may be contained in fewer than six sentences if some of the sentences have more than one clause.

Examples:

One clause: Ayer fui al supermercado.
Two clauses: Ayer fui al supermercado y compré una manzana.
Three clauses: Ayer fui al supermercado y compré una manzana que comí
                inmediatamente.

1 Your friend has invited you to a party. Write a note saying why you can't attend.

_____

_____

_____

_____

_____

2 You were absent from school for a week because you had the flu. Write a note to a friend asking if he/she can help you with the work you missed.

_____

_____

_____

_____

_____

3 You received a birthday gift from a friend. Write a note to him/her expressing your feelings about the present.

_____

_____

_____

_____

_____

4 It is the weekend, and you are going to leave your house before your parents wake up. Leave them a note explaining where you will be, what you will be doing and with whom.

_____

_____

_____

_____

_____

_____

5 You have decided to meet a new classmate at the library so that you can work on an assignment together. Write a note to him/her explaining how to get to the library.

_____

_____

_____

_____

_____

_____

6 Your friend is away on vacation at a hotel in the Dominican Republic. Write a note to him/her asking about the vacation.

_____

_____

_____

_____

_____

7 Your friend is going away to Puerto Rico, an island you have already visited. Write a note to him/her suggesting some activities he/she might enjoy.

_____

_____

_____

_____

_____

8 Your grandparents are away and you have decided to help them by doing certain chores. Write a note to them explaining what you did in their absence.

_____

_____

_____

_____

_____

9 You just found out that your pen pal will be moving to your neighborhood. Write a note telling him/her about where you live.

_____

_____

_____

_____

_____

10 Your friend will be having a party soon. Write him/her a note explaining what you will do to help.

_____

_____

_____

_____

_____

NARRATIVES AND LETTERS

Write a well-organized composition in Spanish as directed below. Follow the specific instructions for each topic you select or are assigned. In the spaces provided, identify the topic by letter and number (for example, A1, B3).

Each composition must consist of at least ten clauses. A clause must contain a verb, a stated or implied subject, and additional words necessary to convey meaning. The ten clauses may be contained in fewer than ten sentences if some of the sentences have more than one clause.

Examples:

One clause: Ayer fui al supermercado.
Two clauses: Ayer fui al supermercado y compré una manzana.
Three clauses: Ayer fui al supermercado y compré una manzana que comí
                        inmediatamente.

A. NARRATIVES

Write a STORY in Spanish about the situation shown in each of the pictures selected by you or assigned to you by your teacher. It must be a story about the situation in the picture, not a description of the picture.

1 _____

_____

_____

_____

_____

_____

_____

_____

_____

_____

_____

2 _____

_____

_____

_____

_____

_____

_____

_____

_____

_____

_____

3 _____

_____

_____

_____

_____

_____

_____

_____

_____

_____

_____

4 _____

_____

_____

_____

_____

_____

_____

_____

_____

5 _____

_____

_____

_____

_____

_____

_____

_____

_____

_____

_____

6 _____

_____

_____

_____

_____

_____

_____

_____

_____

_____

_____

7 _____

_____

_____

_____

_____

_____

_____

_____

_____

_____

_____

8 _____

_____

_____

_____

_____

_____

_____

_____

_____

_____

9

10 _____

_____

_____

_____

_____

_____

_____

_____

_____

_____

_____

B. FORMAL LETTERS

Write a LETTER in Spanish. Follow the specific instructions for each topic selected by you or assigned by your teacher. Please note that the dateline, salutation, and closing will *not* be counted as part of the required ten clauses.

1 You are planning to spend your vacation in Costa Rica, and you want to rent a house. Write a letter to the owner asking for information.

You may use ideas suggested by any or all of the subtopics listed below or you may use your own ideas, provided you accomplish the purpose of the letter, which is *to obtain information about the house.*

The suggested subtopics are: the location of the house; the number of rooms; the cost; when you can arrive; when you must leave.

Use the following:

Dateline: — de — de 19 —
Salutation: Muy señor mío:
Closing: Respetuosamente,

_____

_____

_____

_____

_____

_____

_____

_____

_____

_____

_____

2 You want to buy a Spanish bicycle. Write a letter to the company asking for information.

You may use ideas suggested by any or all of the subtopics listed below or you may use your own ideas, provided you accomplish the purpose of the letter, which is *to obtain information about the bicycle*.

The suggested subtopics are: if they have a lot of bicycles; available colors; price; when you can have the bicycle; how to pay for the bicycle.

Use the following:

Dateline: — de — de 19 —
Salutation: Muy señores míos:
Closing: Respetuosamente,

_____

_____

_____

_____

_____

_____

_____

_____

_____

_____

_____

_____

_____

3 A concert is being given by a famous Spanish rock group. Write a letter to the promoter asking for information about the concert.

You may use ideas suggested by any or all of the subtopics listed below or you may use your own ideas, provided you accomplish the purpose of the letter, which is *to obtain information about the concert*.

The suggested subtopics are: the date of the concert: the place; if there are tickets available; the cost of the tickets; the time the concert begins; the time the concert ends; if the concert is good.

Use the following:

Dateline: — de — de 19 —
Salutation: Muy señor mío:
Closing: Cordialmente,

_____

_____

_____

_____

_____

_____

_____

_____

_____

_____

_____

_____

_____

4 Your Spanish friend has arranged a blind date for you. Write him/her a note in Spanish asking for information about this person.

You may use ideas suggested by any or all of the subtopics listed below or you may use your own ideas, provided you accomplish the purpose of the note, which is *to obtain information about your blind date.*

The suggested subtopics are: the name of the person; the person's age; where the person goes to school; the person's appearance; what the person likes to do; where the person lives; if the person is nice.

Use the following:

Dateline: — de — de 19 —
Salutation: Querido(a) —:
Closing: Tu amigo(a),

_____

_____

_____

_____

_____

_____

_____

_____

_____

_____

_____

_____

_____

_____

5 The Spanish Club is going on a trip to a Spanish restaurant. Write a note in Spanish to the teacher in charge asking for information about the trip.

You may use ideas suggested by any or all of the subtopics listed below or you may use your own ideas, provided you accomplish the purpose of the note, which is *to obtain information about the trip.*

The suggested subtopics are: the date of the trip; the time of the trip; the name of the restaurant; the location of the restaurant; how you will get there; what you should wear; what there is to eat; the specialties; the price of the meal; the time of return.

Use the following:

Dateline: — de — de 19 —
Salutation: Estimado profesor/Estimada profesora:
Closing: Cordialmente,

_____

_____

_____

_____

_____

_____

_____

_____

_____

_____

_____

_____

_____

6 You have become friendly with a new boy/girl at school. Write a note to your best friend convincing him/her that he/she will like this new boy/girl.

You may use ideas suggested by any or all of the subtopics listed below or you may use your own ideas, provided you accomplish the purpose of the note, which is *to convince your friend that he/she will like this new person.*

The suggested subtopics are: the person's name; the person's age; a physical description of the person; where he/she lives; one or two of the person's good qualities.

Use the following:

Dateline:　　— de — de 19 —
Salutation:　Querido(a) —:
Closing:　　 Tu amigo(a),

_____

_____

_____

_____

_____

_____

_____

_____

_____

_____

_____

7 You could not hand in your Spanish homework on time because you were ill. Write a note in Spanish explaining the situation to your teacher convincing him/her to accept your homework tomorrow.

   You may use ideas suggested by any or all of the subtopics listed below or you may use your own ideas, provided you accomplish the purpose of the note, which is *to convince your teacher to accept your homework tomorrow.*

   State that: your homework is late; you were ill; you are a serious student; you always do your homework on time; you will do your homework tonight.

   Use the following:

   Dateline: — de — de 19 —
   Salutation: Estimado profesor/Estimada profesora:
   Closing: Respetuosamente,

_____

_____

_____

_____

_____

_____

_____

_____

_____

_____

_____

_____

8 You want to see a new Spanish film in the city. Write a note to your friend convincing him/her to go to see the film with you.

You may use ideas suggested by any or all of the subtopics listed below or you may use your own ideas, provided you accomplish the purpose of the note, which is *to convince your friend to go with you.*

The suggested subtopics are: the purpose of your note; the name of the film; the name of the theater; how you will get there; the cost of the movie; why you want to see this film; when you will return.

Use the following:

Dateline: — de — de 19 —
Salutation: Querido(a) —:
Closing: Tu amigo(a),

_____

_____

_____

_____

_____

_____

_____

_____

_____

_____

_____

_____

9 Your parents have asked you to wash the car. You had to go to the store to buy your mother a birthday present. Write a note to your brother/sister urging him/her to wash the car for you.

You may use ideas suggested by any or all of the subtopics listed below or you may use your own ideas, provided you accomplish the purpose of the note, which is *to convince your brother/ sister to do this favor for you.*

State that: the car is dirty; you can't wash the car; you had to go the store; it's your mother's birthday; you went to buy her a present; it is also a present from your brother/sister; you will help your brother/sister tomorrow.

Use the following:

Dateline: — de — de 19 —
Salutation: Querido(a) —:
Closing: Tu hermano(a),

_____

_____

_____

_____

_____

_____

_____

_____

_____

_____

_____

_____

10 The Spanish department of your school is planning a trip to Chile. Write a note to your parents convincing them to allow you to go.

You may use ideas suggested by any or all of the subtopics listed below or you may use your own ideas, provided you accomplish the purpose of the note, which is *to convince your parents to allow you to go to Chile.*

State that: you are a serious student; you study a lot; you always do your homework; you help your parents; you love Chile; you like your teacher; the trip will be interesting; you will learn a lot; you will speak Spanish better; you will pay for the trip.

Use the following:

Dateline: — de — de 19 —
Salutation: Queridos padres:
Closing: Su hijo(a),

Vocabulary

abierto opened

abogado *m.* lawyer

abrigo *m.* overcoat; **abrigo de pieles** fur coat

abrir to open

abrochar(se) to fasten

aburrido boring

aburrirse to become bored

acabar to end; **acabar de** to have just

aceite *m.* oil

acerca de about

acercar to approach; to place near

acero *m.* steel

acontecimiento *m.* event

acordar to agree upon; to grant

acostar to put to bed; **acostarse** to go to bed

acostumbrarse to get used to, become accustomed

acuático aquatic, water

acuerdo *m.* accord

acusado accused

adecuado adequate

adelante farther on; **de hoy en adelante** from now on

adelanto advance

además moreover, besides

adentro inside

adiestramiento *m.* training

adivinanza *f.* riddle

adormecer to put to sleep

adquirir to acquire

aduana *f.* customs

aeropuerto *m.* airport

aficionado *m.* fan

afortunadamente fortunately

agarrar to grab; **agarrarse** to take hold of

agencia *f.* agency; **agencia de viajes** travel agency

agitar to agitate; **agitarse** to get excited

agradecer to thank

agradecido grateful

aguja *f.* needle; hand (*of a watch*)

ahí there

aire *m.* air

aire acondicionado air-conditioning; *m.* air conditioner

ajuste *m.* adjustment, fitting

alambrado *m.* wiring

alcanzar to reach; to catch up to; to grasp

alcoba *f.* bedroom

aldea *f.* village

alegrarse to rejoice

alegre happy

alfombra *f.* rug

alguien someone

alimento *m.* food

alineado aligned

almacén *m.* department store

alojamiento *m.* lodging

alquilar to rent

alrededor around; **alrededores** *m. pl.* surroundings

altura *f.* height

amaestrado trained

amar to love

amarillo yellow

ambiente *m.* atmosphere

ambos both

amistad *f.* friendship

amor *m.* love

amplio ample

ancho *m.* width; wide

anillo *m.* ring

anoche last night

anotación *f.* note

anteojos *m. pl.* eyeglasses

anterior previous, former

antes de before

anticipación *f.* in advance; anticipation

antigüedad *f.* antiquity

antiguo old

anunciar to announce; to advertise

añadir to add
apagar to turn off
aparato *m.* apparatus
aparecer to appear
apartado *m.* post-office box
apellido *m.* last name
apenas hardly
aperitivo *m.* appetizer
aplastado crushed
aplastar to crush
aplicado studious
apoderarse de to take possession of
apoyar to support
apoyo *m.* support
aprender to learn; **aprender de memoria** to memorize
apresurar(se) to hurry
apropiadamente appropriately
aprovechar to make good use of
árbitro *m.* referee
árbol *m.* tree
arduo arduous
arena *f.* sand
armonía *f.* harmony
arreglar to adjust; to regulate
arrollar to knock down
asegurarse to assure oneself
asesor *m.* counselor
así thus
asiento *m.* seat
asma *f.* asthma
aspiradora *f.* vacuum cleaner
aspirar to inhale
asunto *m.* subject, matter
atar to tie; to fasten
atender to attend; to take care of
atentado *m.* attempt
atraer to attract
atrás back, behind, previously
atrasarse to lose time; to slow down
aun even
aún still, yet
automovilista *m.* automobilist

auxilio *m.* aid, help; **primeros auxilios** *pl.* first aid
avanzado advanced
aventura *f.* adventure
avión *m.* airplane
ayer yesterday
ayuda *f.* help
ayudar to help
azul blue

bailar to dance
baile *m.* dance
bajar to reduce, lessen; to go down
bajo below, low
banco *m.* bench; bank
bandera *f.* flag
baño *m.* bath; bathroom
barato cheap
barco *m.* boat
barrer to sweep
bastante rather
bastar to be enough
beber to drink
beca *f.* scholarship
belleza *f.* beauty
bello beautiful
beneficiar to benefit
biberón *m.* baby's bottle
bienestar *m.* welfare
bienvenido welcome
blusa *f.* blouse
boca *f.* mouth
bocina *f.* horn
boda *f.* wedding, marriage
boleto *m.* ticket
bolsa *f.* purse, pocketbook
bolsillo *m.* pocket
bombero *m.* firefighter
bondadoso kind
borde *m.* border
borrar to erase
bosque *m.* forest
brazo *m.* arm
brillar to shine
brindar to invite; to offer

broncear to tan
bucal mouth (*adjective*)
burbuja *f.* bubble
burlarse to make fun of
buscar to look for

caballo *m.* horse
cabaña *f.* cabin, hut
caber to fit
cabeza *f.* head
caer(se) to fall
caja *f.* box; **caja fuerte** safe
calefacción *f.* heating
calentador *m.* heater
calidad *f.* quality
caliente warm, hot
calor *m.* heat
calle *f.* street
cama *f.* bed
cambiar to change; to exchange
cambio *m.* change; exchange
caminar to walk
camino *m.* road
camión *m.* truck
camioneta *f.* van
campamento *m.* camp
campeón *m.* champion
campo *m.* field
cancha *f.* court; **cancha de tenis** tennis court
canción *f.* song
cansado tired
cantante *m. or f.* singer
cantar to sing
capa *f.* cape
capacidad *f.* ability, capacity
cara *f.* face
caramelo *m.* candy; caramel
carga *f.* load; cargo
cargo *m.* charge; duty; management
caridad *f.* charity
carne *f.* meat
carnicería *f.* butcher shop
caro expensive

carretera *f.* road
carta *f.* letter
cartera *f.* wallet; purse
casado married
casco *m.* helmet
casete *m.* cassette
caso *m.* case
castigar to punish
castillo *m.* castle
causa *f.* cause; **a causa de** because of
ceguera *f.* blindness
celebrar to celebrate
célebre famous
centro *m.* center
cepillar(se) to brush
cerca near
cerrado closed
cerrar to close
certificar to certify, attest
cesar to stop
ciego blind; *m.* blind person
cielo *m.* sky
cierto certain
cimientos *m. pl.* foundations
cinturón *m.* belt
circulación *f.* traffic
cita *f.* meeting, date, appointment
ciudad *f.* city
ciudadano *m.* citizen
cocido cooked
cocina *f.* cooking; kitchen
cocinar to cook
cocinero *m.* cook
coche *m.* car
codo *m.* elbow
coger to catch
cólera *f.* anger
colérico irritable
colgar to hang up
colina *f.* hill
coloración *f.* color
collar *m.* necklace
comedor *m.* dining room
comenzar to begin
cometer to commit

comida *f.* meal, food
cómo how; **cómo no** of course
comodidad *f.* comfort
cómodo comfortable
compañero *m.* companion, friend
compañía *f.* company
compartir to share
competencia *f.* competition
competir to compete
componer to compose
compra *f.* purchase
comprar to buy
comprender to understand
comprobado proven
comprobar to check; to verify; to prove
compuesto composed
computador *m.* computer
comunidad *f.* community
concurso *m.* contest
conducir to conduct
confianza *f.* confidence
confundir to confuse
congelar to freeze
conjunto joined, united; *m.* set, package
conocer to know; to be acquainted with
conocimiento *m.* knowledge
conseguir to get, obtain; to succeed in
consejero *m.* counselor
consejo *m.* advice
construcción *f.* construction
construir to construct, build
consultorio *m.* clinic
contar to tell; **contar con** to count on
contra against
contradecir to contradict
contratista *m.* contractor
contribuir to contribute
convencer to convince
convenir to be suitable
conversar to converse, speak
convertirse to become

corazón *m.* heart
corona *f.* crown
corregir to correct
correo *m.* mail
correr to run
corriente *f.* current
cortar to cut
corte *f.* court
corto short
costar to cost
creador *m.* creator
crear to create
crecer to grow
creer to believe
criar to raise
crimen *m.* crime
cuadra *f.* block
cuadrado square
cuadro *m.* picture; picture frame
cualquier whichever; whoever; any
cubierto covered
cuerpo *m.* body
cuidado *m.* care; **con cuidado** carefully
cuidar to take care of
culpar to blame
cumpleaños *m.* birthday
cumplido completed, fulfilled
cupón *m.* coupon
curar to cure
curso *m.* course
cuyo whose

chicle *m.* gum
chocar to collide
chófer *m.* driver
choque *m.* collision

dañarse to become damaged
dar to give; **dar a** to face; **dar igual** to be the same; **dar paseos** to take walks; **dar vueltas** to rotate
darse to surrender; **darse cuenta** to realize

debajo underneath; beneath;
    debajo de beneath, under
deber to have to; to owe
deberse to be necessary
debido a due to
débil weak
debut *m.* first appearance
decidir to decide
decir to say; to tell
decolorar to discolor
dedo *m.* finger
dejar to leave; to let; **dejar de**
    to stop
delante de in front of
delgado thin; **ponerse**
    delgado to lose weight
delicado delicate
demás other; besides
demasiado too
demostrar to demonstrate,
    show
deporte *m.* sport
derecha *f.* right
desaparecer to disappear
desaparición *f.* disappearance
desarrollar to develop
descansar to rest
descanso *m.* rest
descubrir to discover
descuento *m.* discount
desde from
desembarazarse to get rid of
desenvolverse to move about
desfile *m.* parade
desgraciadamente
    unfortunately
designado designated
deslumbrar to dazzle
despacio slowly
despegar to take off
despertar(se) to awaken, wake
    up
después after, then
destruir to destroy
desvío *m.* detour
detener to stop
detrás de behind

deuda *f.* debt
devolución *f.* return;
    restitution
devolver to bring back, return
diariamente daily
diario daily
dibujo *m.* drawing; **dibujo**
    animado *m.* cartoon
diente *m.* tooth
diferir to differ
difícil hard, difficult
digerir to digest
dirección *f.* management
dirigir to direct; to manage
disco *m.* record
diseñador *m.* designer
diseño *m.* design
disminuir to reduce, lessen
disponer de to dispose of
distinto different
divertirse to have fun
doblar to bend; to turn
dolerse to hurt
dolor *m.* pain
domesticar to tame
dominar(se) to control
donar to donate
dormir to sleep
dormitorio *m.* bedroom
duda *f.* doubt; **sin duda**
    without a doubt
dueño *m.* owner
dulces *m. pl.* candy, sweets
durar to last
duro strong

ecuatoriano Ecuadorian
echar to throw
edad *f.* age
edificio *m.* building
educación *f.* education;
    educación preescolar
    early-childhood education
efectuar to do, make; to carry
    out
eficaz efficient

egoísta selfish
ejercicio *m.* exercise
electricidad *f.* electricity
electricista *m.* electrician
elefante *m.* elephant
elegir to elect
elevar to raise
embalar to wrap up; to pack
embarcar to ship
embargo *m.* seizure; **sin**
    embargo nevertheless,
    however
emergencia *f.* emergency
emisión *f.* broadcast
empacado packed
empezar to begin
empleado *m.* employee
empleo *m.* job
empresa *f.* company,
    enterprise
empujar to push
encantar to enchant
encender to light; to turn on
encendido lit
encerrar to lock in
encía *f.* gum (*of mouth*)
encoger to shrink
encontrar(se) to find, meet
encuesta *f.* survey
enchufe *f.* plug
energía *f.* energy, power
enfermarse to get sick; to be
    taken ill
enfermedad *f.* sickness
enfermera *f.* nurse
enfermo sick
enfrentarse con to confront
enojado angry
enseñanza *f.* teaching
enseñar to teach
entender to understand
entre among
entrega *f.* delivery
entrevista *f.* interview
enviar to send
época *f.* epoch, era, time
    period

equipo *m.* team
equivocación *f.* error
equivocarse to make a mistake
escalera *f.* staircase
escoger to pick, choose
esconder(se) to hide
escuchar to listen
escupir to spit
esfuerzo *m.* force, strength; effort
esmalte *m.* polish
espacio *m.* space
espantoso frightening
espectáculo *m.* show
espejo *m.* mirror
espera *f.* wait
esperanza *f.* hope
esperar to hope; to wait
espía *m.* spy
espionaje *m.* espionage, spying
esposa *f.* wife
esposo *m.* husband
espuma *f.* foam
esquiar to ski
establecido established
estacionado parked
estadio *m.* stadium
estado *m.* state; condition
estallar to burst, explode
estilo *m.* style
estirar to stretch
estrecho narrow
europeo European
evaporar to evaporate
evitar to avoid
examinar to examine
exigir to demand
éxito *m.* success; **tener éxito** to be successful
experiencia *f.* experience
extranjero strange, foreign
extraño strange

fábrica *f.* factory
fabricar to manufacture

facilidad *f.* ease
falta *f.* fault, mistake, lack
faltar to lack
fama *f.* fame
fantasma *m.* ghost
fe *f.* faith
fecha *f.* date
felicidad *f.* happiness
feliz happy
feo ugly
feriado: día feriado day off, holiday
fiel faithful
fijado fixed
fijar to fix
fijo fixed
financiación *f.* financing
financiero financial
firma *f.* signature
firmar to sign
flaco skinny
flor *f.* flower
flotar to float
fluidez *f.* fluency
fluir to flow
flujo *m.* flow, stream
folleto *m.* brochure
fracasar to fail
fregador *m.* dishwasher; scouring pad
freno *m.* brake
frente a in front of
fresa *f.* strawberry
fruta *f.* fruit
fuego *m.* fire
fuente *f.* fountain
fuera de outside; **fuera de moda** outdated
fuerte strong
fuerza *f.* force; **fuerza de voluntad** will power
fumigador *m.* exterminator
funcionamiento *m.* operation
funcionar to function
furioso furious
fútbol *m.* soccer; **fútbol americano** football

galón *m.* gallon
galleta *f.* cracker, cookie
gana *f.* desire, will; **tener ganas** to want
ganador winning; *m.* winner
ganar to win; to earn
gasto *m.* expense
gerencia *f.* management
gerente *m.* manager
gimnasio *m.* gym
gira *f.* tour
gobierno *m.* government
golpear to hit
gordo fat
graduado graduated
grasa *f.* grease
grave serious
gravedad gravity
griego Greek
gritar to shout, scream
grupo *m.* group
guardar to keep
guiar to guide, lead; to drive
guirnalda *f.* wreath; garland
gusto *m.* taste; pleasure

habilidad *f.* ability
habitación *f.* room; bedroom
hallar to find
hambre *f.* hunger; **tener hambre** to be hungry
hasta until
hecho *m.* fact; **hecho de** made of
helado *m.* ice cream
hemorragia *f.* hemorrhage
herida *f.* wound
herido *m.* injured person
herirse to hurt oneself
hermoso beautiful
hielo *m.* ice
hierba *f.* grass
hierro *m.* iron
hilo *m.* thread
historial *m.* record; **historial profesional** résumé

hogar *m.* home
hoja *f.* leaf
hombre *m.* man; **hombre de negocios** businessman
hombro *m.* shoulder
homenaje *m.* hommage
honra *f.* honor
horno *m.* oven
horroroso hideous
hueso *m.* bone
huevo *m.* egg
humo *m.* smoke
huracán *m.* hurricane

idioma *m.* language
igual equal
ilustre famous, illustrious
impedir to hinder; to prevent
implorar to beg
importe *m.* amount, price, value
incendiar to set fire
incendio *m.* fire
increíble incredible
independencia *f.* liberty, independence
inesperadamente unexpectedly
inesperado unexpected
infeliz unhappy
infrascrito undersigned
Inglaterra *f.* England
ingresar to enter
ingreso *m.* entrance, admission; income
inhalar to inhale
inocencia *f.* innocence
inolvidable unforgettable
inquieto worried
inquietud *f.* uneasiness
inscripción *f.* registration
intérprete *m.* interpreter
interrogar to question, interrogate
invento *m.* invention
investigación *f.* inquiry

invierno *m.* winter
invitado *m.* guest
inyección *f.* injection
ir to go; **ir de compras** to go shopping
irritado irritated
isla *f.* island
izquierda *f.* left
izquierdo left

jardín *m.* garden
jefe *m.* chief, boss
joven young
joya *f.* jewel
joyería *f.* jewelry store
jugador *m.* player
jugar to play
jugo *m.* juice
juguete *m.* toy
juventud *f.* youth

lado *m.* side
lago *m.* lake
langosta *f.* lobster
lápiz *m.* pencil
lástima *f.* pity
lastimarse to hurt oneself
lavado *m.* wash
lavandería *f.* laundry
lavaplatos *m.* dishwasher
lectura *f.* reading
leer to read
leche *f.* milk
legumbre *f.* vegetable
lejos far
lengua *f.* language; tongue
lente *m. or f.* lens; *pl.* glasses
levantar to raise
leyenda *f.* legend
librería *f.* bookstore
ligeramente lightly
ligero light
limpiar to clean
limpieza *f.* cleaning

limpio clean
lindo pretty
línea *f.* line, shape of body
liofilizada freeze-dried
lista *f.* list; **lista de espera** waiting list
listo ready
liviano light
lograr to get, obtain; to achieve; to succeed in
lucha *f.* fight; **lucha deportiva** sporting event
lugar *m.* place; **lugar de destino** destination; **tener lugar** to take place
lujo *m.* luxury; **de lujo** deluxe
lustrar to shine, polish
luz *f.* light

llamar to call
llave *f.* key
llegar to arrive
lleno de full of
llevar to carry; to wear; to take; **llevar a cabo** to carry out
llorar to cry
llover to rain
lluvia *f.* rain

madera *f.* wood
maestro *m.* teacher
mago *m.* magician
maleta *f.* suitcase
mantener to maintain
mantequilla *f.* butter
manzana *f.* apple
maquillaje *m.* makeup
mar *m. or f.* sea
martillo *m.* hammer
masaje *m.* massage
máscara *f.* mask
masticación *f.* chewing
masticar to chew

matar to kill

matrimonio *m.* marriage, matrimony; couple

mayoría *f.* majority

mediano medium

medicina *f.* medicine

médico *m.* doctor

medio middle; *m.* means

medir to measure

mejor better

mejorar to better, improve

mencionado mentioned

mensaje *m.* message

mercado *m.* market

mercancía *f.* merchandise

merecer(se) to deserve

mes *m.* month

meter to put

mezclar to mix

miedo *m.* fear; **tener miedo** to be afraid

mientras while

mitad *f.* half

moda *f.* fashion

molde *m.* cast

molestar to annoy, bother

molesto annoyed, bothered

montaña *f.* mountain; **montaña rusa** roller coaster

montar to ride

morir to die

motocicleta *f.* motorcycle

movimiento *m.* movement

mudanza *f.* move

mudar to move

mudo mute

muebles *m. pl.* furniture

muela *f.* tooth

muerto *m.* dead

multa *f.* fine

muñeca *f.* doll

muñeco de nieve *m.* snowman

murciélago *m.* bat (*animal*)

músculo *m.* muscle

mutuamente mutually

nacer to be born

nacido born; **recién nacido** *m.* newborn

nacimiento *m.* birth

nadar to swim

natación *f.* swimming

natal native

naturaleza *f.* nature

navegar to navigate

necesidad *f.* necessity, need

necesitar to need

negocio *m.* business

neumático *m.* tire

nevar to snow

ni neither, nor; **ni siquiera** not even

niñera *f.* nanny, babysitter

nivel *m.* level

nocturno night

nombre *m.* name

nota *f.* note; grade

noticia *f.* news

novia *f.* girlfriend; bride

novio *m.* boyfriend; groom

nublado cloudy

nutricionista *m.* nutritionist

nutritivo nutritious

obedecer to obey

obra *f.* work

obtención *f.* attainment, getting

ocuparse to be busy with

ofrecer to offer

oftalmólogo *m.* ophthalmologist

oír to hear

ola *f.* wave

olor *m.* smell, odor

olvidar to forget

ondulante wavy

oreja *f.* ear

orgullo *m.* pride

orgulloso proud

orquesta *f.* orchestra

oscuro dark

otorgar to grant

ovalado oval

padrino *m.* godfather

pagar to pay

país *m.* country

paisaje *m.* landscape

palabra *f.* word

palanca *f.* crowbar

palo *m.* (baseball) bat; stick

pantalla *f.* screen

paño cloth

pañuelo *m.* handkerchief

papa *f.* potato

papel *m.* paper; role

paradero *m.* stop

parar(se) to stop

pared *f.* wall

pareja *f.* couple

párpado *m.* eyelid

parque *m.* park; **parque de atracciones** amusement park; **parque zoológico** zoo

parrilla *f.* grill

parroquia *f.* parish

participar to participate

partida *f.* departure; game; certificate

partido *m.* match

partir to break; **a partir de** starting from

pasaje *m.* fare

pasajero *m.* passenger

pastel *m.* pie

pastelería *f.* pastry shop

patín *m.* skate

patinador *m.* skater

patinar to skate

patrocinado sponsored

peatón *m.* pedestrian

pecho *m.* chest

pedagogo *m.* pedagogue

pedido *m.* demand; **pedido postal** mail order

pedir to ask
película *f.* film, movie
peligro *m.* danger
pelo *m.* hair
pelota *f.* ball
peluquería *f.* barbershop;
  beauty parlor
pensamiento *m.* thought
perder to lose; **perderse** to
  become lost
pérdida *f.* loss
perezoso lazy
periódico *m.* newspaper
perseguir to pursue
perseverancia *f.* perseverance
pesadilla *f.* nightmare
pesado heavy
pesar to weigh
peso *m.* weight
pianista *m.* pianist
pie *m.* foot
piedra *f.* stone
piel *f.* skin, hide
pierna *f.* leg
pieza *f.* piece; play
pila *f.* battery
pintar to paint
pintura *f.* painting
piscina *f.* swimming pool
piso *m.* floor
placa *f.* plaque
placer *m.* pleasure
planeamiento *m.* planning
plano flat; *m.* map; drawing
planta *f.* factory, plant; **planta
  baja** ground floor
playa *f.* beach
pleno full, complete; ample
plumero *m.* pen holder
pobreza *f.* poverty
poder to be able to; *m.* power
pollo *m.* chicken
poner to put; **ponerse** + *adj.*
  to become; **ponerse a** to
  begin to
portarse to behave
poseedor *m.* owner

posibilitar to make possible
postizo artificial; false
postre *m.* dessert
precio *m.* price
precipicio *m.* precipice, chasm
premiar to reward
premio *m.* prize
prender to seize, grasp; to turn
  on
preocupación *f.* worry
preocupado worried,
  concerned
prestar to lend; **prestar
  atención** to pay attention
presupuesto *m.* budget,
  estimate
previo prior
primero first; **primeros
  auxilios** *m. pl.* first aid
primo *m.* cousin
prisa *f.* hurry; **tener prisa** to
  be in a hurry
proceso *m.* lawsuit
profundamente deeply
promedio *m.* average
pronto soon
propietario *m.* owner
propio own
proponer to propose
propósito *m.* goal, aim
proteger to protect
próximo next
prudente cautious
prueba *f.* test
publicar to publish; to reveal
puerta *f.* door
puesto *m.* stand; **puesto que**
  since
pulmón *m.* lung
pulsera *f.* bracelet
punto *m.* point; **en punto**
  exactly

quedar(se) to remain
quemado burnt
quemadura *f.* burn

quemar to burn
queso *m.* cheese
químico chemical
quitar to remove

ramillete *m.* bouquet
raro rare; **rara vez** rarely
rascacielo *m.* skyscraper
ratón *m.* mouse
raza *f.* race
razón *f.* reason
rebelde *m.* rebel
receta *f.* recipe
recetar to prescribe
recién recent; **recién nacido**
  newborn
recobrar to get back; to
  recover
recoger to pick up
reconocer to recognize
recordar to remember; to
  remind
recorrer to travel through
red *f.* network
redondo round
reducir to reduce
reembolsar to reimburse,
  refund
reembolso *m.* refund
refrescante refreshing
regalo *m.* gift
regar to water
régimen *m.* diet
reglar to regulate
regresar to return
reír to laugh
reloj *m.* watch
remediar to remedy; to repair,
  fix
render to give; to render
renombrado renowned,
  famous
reparación *f.* repair
reparar to repair
repente sudden movement; **de
  repente** suddenly

repetir to repeat
reponer to replace; to restore; to put back
requerir to notify; to summon; to require
requisito *m*. requirement
reserva *f*. discretion; reserve
resfriado *m*. cold
residencia *f*. residence, home
residir to dwell, live, reside
respirar to breathe
responder to answer
respuesta *f*. answer
restaurador *m*. restorer
restos *m. pl.* remains
reunir to join
reventar to burst
revisar to check
revista *f*. magazine
rey *m*. king
riesgo *m*. risk
risa *f*. laugh
rito *m*. rite
robar to rob
robo *m*. robbery
rodado filmed
rodear to surround
rodilla *f*. knee
rojo red
romper to break
ropa *f*. clothing; **ropa interior** underwear
roto broken
ruido *m*. noise
ruta *f*. road

saber to know
sabotaje *m*. sabotage
sacar to take out; to remove; **sacar provecho** to profit
sacerdote *m*. priest
salida *f*. exit; departure
salir to leave; to go out; **salir bien** to succeed
salsa *f*. sauce
saltar to jump

salud *f*. health
saludar to greet
salvaje savage
salvar to save
salvavidas *m*. lifeguard
sangre *f*. blood
sarro *m*. tartar (*on teeth*)
satisfacer to satisfy
seco dry
sed *f*. thirst; **tener sed** to be thirsty
seguido continued, successive; **en seguida** immediately
seguir to follow
según according to
seguridad *f*. security, safety
seguro safe; *m*. insurance
seleccionar to choose
sello *m*. stamp
sendero *m*. path
sentarse to sit down
sentir(se) to feel
serio serious
servicio *m*. service
sierra *f*. mountain range
siglo *m*. century
significado *m*. meaning
siguiente following
sílaba *f*. syllable
silvano sylvan, woodsy, forest-like
silla *f*. chair; **silla de ruedas** wheelchair
simpático nice
sin without; **sin embargo** however, nevertheless
sino but
síntoma *m*. symptom
siquiera at least; although; **ni siquiera** not even
sobre on, upon
sol *m*. sun
solamente only
soledad *f*. solitude
solo alone, lonely
sólo solely, only
soltero *m*. bachelor

sonar to ring
sonido *m*. sound
soñar to dream
sordo deaf
sordomudo *m*. deaf mute
sorprender to surprise
sorpresa *f*. surprise
sospechoso suspected; *m*. suspect
suavemente smoothly, softly
subasta *f*. auction
subir to raise; to lift; to go up
subtítulo *m*. subtitle
suceder to happen
suciedad *f*. filth, dirt
suelo *m*. floor
sueño *m*. dream; **tener sueño** to be sleepy
suerte *f*. luck; **tener suerte** to be lucky
sugerencia *f*. suggestion
sugerir to suggest
suma *f*. sum
superficie *f*. area, surface
suprimir to suppress; to cancel; to eliminate
supuesto *m*. assumption; **por supuesto** of course
suyo yours

tal such, so; **tal como** such as
taladro *m*. drill
talento *m*. talent
tamaño *m*. size
tan so
tarjeta *f*. card
taza *f*. cup
teatro *m*. theater
tema *f*. theme
temer to fear
temprano early
tener to have; **tener que** to have to
tienda *f*. store
tío *m*. uncle
tipo *m*. type, kind

titulado titled
tocar to play; to touch
todavía yet, still
tomar to take; to drink
tono *m.* tone; key
toque *m.* touch
torcer to turn, twist
traer to bring
traje *m.* suit; **traje de baño** bathing suit
tranquilizarse to calm oneself
tranquilo tranquil, quiet
tratamiento treatment
tratar de to try to
través *m.* traverse; **a través** across
tribuna *f.* grandstand
triste sad
triunfante triumphant
turista *m. or f.* tourist

último last
único only
universidad *f.* university

uña *f.* nail
urgencia *f.* emergency; urgency
utilizar to utilize, use

valioso valuable
vaso *m.* glass
vecindad *f.* neighborhood
vecino neighboring, next; *m.* neighbor
vela *f.* sail; candle
velocidad *f.* speed
vendedor *m.* salesman
vender to sell
vendido sold
venganza *f.* revenge
venta *f.* sale
ventaja *f.* advantage
ver to see
verano *m.* summer
verdaderamente really
verdadero real, true
verde green
vergüenza *f.* shame

verificar to verify
vestido *m.* dress
vestirse to get dressed
veterinario *m.* veterinarian
vez *f.* time; **a la vez** at the same time; **de vez en cuando** from time to time; **rara vez** rarely
viajar to travel
viaje *m.* trip
viajero *m.* traveler
vida *f.* life
viejo old
viento *m.* wind
virar to turn
vista *f.* view; eyesight, sight; vision
voluntad *f.* will
volver to return; **volverse** to become
vuelo *m.* flight
vuelta *f.* return

zona *f.* zone